KREUJ PO NADUŻYCIU

JAK WYLECZYĆ TRAUMĘ I ŻYĆ SPEŁNIONYM ŻYCIEM, KIEDY WSZYSTKO INNE ZAWIODŁO

2GA EDYCJA

DR. LISA COONEY

Tłumaczenie: Katarzyna Przyszewska

Korekta: Patrycja Piątek, Aleksandra Proux

SPIS TREŚCI

Tę książkę dedykuję tym, którzy żyją z "niewidzialną klatką" na sobie oraz wokół siebie i są gotowi zrzucić tę klatkę poprzez zaakceptowanie, że są do niej kluczem.

Jesteś kluczem do uwolnienia siebie ze wszystkiego. To Twój własny wybór, aby nie stać się ofiarą wymysłów, które uniemożliwiają Ci Życie Twoim LWIM RYKIEM!

Teraz, bardziej niż kiedykolwiek, nadszedł czas, abyś aktywnie kreował swoje życie PO nadużyciu i przestał przyzwalać na to, aby przeszłość dyktowała Twoją przyszłość.

A co jeśli wszystko w Twojej przeszłości było posttraumatyczną możliwością rozwoju? Ja właśnie to wybieram.

Jestem nieustannie wdzięczna Access Consciousness®, ThetaHealing® i wszystkim, którzy przyczynili się do powstania LWIEGO RYKU teraz i wcześniej.

I Tobie, czytelniku! Stwórzmy świat, o którym wiemy, że jest możliwy!

PODZIĘKOWANIA

Ta książka miała długi, długi okres dojrzewania. Teraz zdaję sobie sprawę, że musiałam naprawdę "zabrać się" do kreowania mojego życia i biznesu po doświadczonych nadużyciach. I zajęło mi to trochę czasu. Jestem wdzięczna za przypływy i odpływy oraz za tę książkę, która tak czule mnie prowadziła.

Przyznaję i dziękuję sobie za to, że nigdy nie zrezygnowałam z niej ani z siebie. Jestem tak zdeterminowana, aby pokazać inną możliwość uzdrawiania i tworzenia po dziesięcioleciach doświadczania różnych form nadużyć.

Kiedy ludzie identyfikują klatkę, w której żyli, i która ich przytłaczała, zaczynają się otwierać na nowe możliwości i paradygmaty uzdrowienia nadużyć, a następnie kreowania po doświadczonych nadużyciach.

Uznaję, że wszyscy mamy dar, pomysły i jesteśmy wkładem w zmiany i uzdrowienie na tej planecie. Ta książka jest dla mnie tego częścią. Zapraszam Cię do Twoich własnych kreacji i mam nadzieję, że ta książka również Cię do tego nakłoni. Nadużycie to nie koniec, to początek tworzenia swojego nowego życia i obecności w teraźniejszości.

Więc śmiało, zacznij tworzyć! Tak właśnie eliminujemy nadużycie. Nie zatrzymujemy się, wzrastamy ponad to i żyjemy, będąc prawdziwymi dla siebie.

Jakie inne wybory są możliwe? I jak możesz je teraz wybrać?

PRZEDMOWA DR DAINA HEER

Co jakiś czas pojawia się książka, która na nowo definiuje całą naszą rzeczywistość. "Kreuj po nadużyciu. Jak wyleczyć traumę i żyć spełnionym życiem, kiedy wszystko inne zawiodło

Jestem zachwycona, że trzymasz w rękach ten egzemplarz.

W dzisiejszych czasach, gdy nie możesz przeczytać gazety lub włączyć wiadomości bez usłyszenia kolejnej historii o młodej osobie, która popełniła samobójstwo w wyniku doświadczonej przemocy, ta książka jest bardzo potrzebna. Dostarcza dynamicznych narzędzi i inspiracji, które naprawdę poprowadzą Cię poza nadużycie, którego doświadczyłeś.

W tej książce dr Lisa Cooney w błyskotliwy sposób dzieli się swoimi osobistymi doświadczeniami intensywnych nadużyć, pokazując Ci, że istnieje ścieżka, która uwolni Cię z klatki nadużycia, poza bycie tylko osobą, która przeżyła nadużycie i poprowadzi Cię w kierunku tworzenia owocnego życia dla siebie.

Znam dr Lisę ze społeczności Access Consciousness®, ponieważ jest ona Certyfikowanym Facylitatorem Access Consciousness®. Jej przygotowanie, kwalifikacje do uzdrawiania energią, duchowość i świadomość, praca z hipnoterapią, doradztwo i doktorat z psychologii – a także jej odwaga, poczucie humoru i empatia – czynią ją idealną osobą do poprowadzenia Ciebie tą ścieżką.

Lisa doświadczyła tak wiele przemocy i nadużycia jako dziecko, że wiele innych osób żyłoby w zamrożeniu powielając cykl okrucieństwa i wykorzystania. Jednak ona zdecydowała się nie poddać.

Znając moje wcześniejsze osobiste doświadczenia związane z nadużyciami, poprosiła mnie o prywatną sesję, aby przyspieszyć swój własny proces zmiany w tej dziedzinie życia.

Kiedy prowadzę z kimś sesję, moje pierwsze pytanie do tej osoby brzmi: „Gdybyś mógł z tego zaczerpnąć cokolwiek, co by to było?" Zaskoczyła mnie zarówno odpowiedź Lisy, jak i jej gotowość, aby to mieć.

Pracowałem z tysiącami ludzi w ciągu ostatnich 14 lat, więc zadawałem to pytanie wiele, wiele razy. Większość ludzi, którzy proszą o znaczącą zmianę, ma w swoich światach pewne zastrzeżenia co do chęci jej faktycznego dokonania. Energetycznie, to tak, jakby tego chcieli, ale chcą, aby ktoś inny im to dał, zamiast dokonać samodzielnego wyboru.

Kiedy zadałem Lisie to pytanie, powiedziała: „Mam dość tego, co było kiedyś. Mam dość cofania się. Żądam, aby TERAZ iść naprzód ze wszystkimi moimi zdolnościami i umiejętnościami". I wiedziałem, że mówi serio. Nie miała żadnych zastrzeżeń. Była gotowa wybrać i otrzymać wszystko, o co prosiła w tym momencie.

To jest dokładnie to, do czego Lisa zaprasza Cię w tej książce. Chcę, abyś miał świadomość, że Ty też możesz iść naprzód, by być wszystkim, czym jesteś, nawet po najgorszych doświadczeniach, które zaoferowała Ci rzeczywistość.

Wykorzystuje wszystkie narzędzia, którymi dysponuje w pracy jako doktor psychologii, w połączeniu z dynamicznymi i pragmatycznymi narzędziami Access Consciousness®, Lisa otwiera przed Tobą drzwi, abyś miał zupełnie inny wybór – JEŚLI WYBIERZESZ by tam podążyć.

Nadużycie, w najlepszym razie, nie jest łatwym tematem do rozmowy, nie mówiąc już o napisaniu książki, która przedstawia odmienny od powszechnie przyjętego punkt widzenia na ten temat.

Mam nadzieję, że czytając tę książkę, zapoznasz się z czymś, co odświeży i odnowi Twoją perspektywę w tej dziedzinie, a także da Ci głęboką nową świadomość tego, co tak naprawdę jest możliwe dla nas wszystkich. A co jeśli teraz jest ten czas?

Mając to na uwadze, drogi czytelniku, zapraszam do lektury i "kreuj po nadużyciu".

Dr Dain Heer

Houston, Teksas

Współzałożyciel Access Consciousness®

Autor bestsellera „Będąc sobą, zmieniasz świat"

WPROWADZENIE

Przeważającą część mojego dorosłego życia, spędziłam szukając sposobów na uzdrowienie nadużyć jakich doświadczyłam.

Jak większość znanych mi ludzi, którzy starają się uzdrowić nadużycie, patrzyłam na swoje otoczenie, nie zdając sobie sprawy, że ja sama byłam źródłem mojego własnego uzdrowienia. Zawsze miałam poczucie, że gdybym rozpoczęła jeszcze jedno szkolenie, zatrudniła jeszcze jednego terapeutę, uczyła się od jeszcze jednego nauczyciela, magicznie odnalazłabym klucz. Jednak klucz do uzdrowienia nadużycia już jest w Tobie. Kłamstwem, którym do tej pory Cię karmiono, jest to, że uzdrowienie jest czymś, co musisz znaleźć na zewnątrz siebie. Jeśli dotychczas szukałeś odpowiedzi na zewnątrz siebie, w tej książce zgłębimy zupełnie inny model. Pokażę ci, że istnieje sposób, aby nie tylko wyjść ponad historię nadużycia, ale także żyć w Spełnieniu i Szczęściu.

Istnieje wiele mitów na temat transformacji nadużycia, do których mogłeś dać się przekonać, i ta książka również je rozwieje:

- **Pierwszym z nich jest mit, że musisz to zrobić sam.** Jeśli wkupiłeś się w „mentalność ocalonego", prawdopodobnie jesteś przyzwyczajony do walki i prób robienia wszystkiego samemu. Częścią nowego paradygmatu uzdrowienia nadużycia jest uznanie, że nie musisz tego robić.
- **Drugim mitem, w który mogłeś uwierzyć, jest to, że nie ma wyboru.** Rozumiem przez to brak wyboru w Twoich automatycznych działaniach i reakcjach, które wynikają z

doświadczonego nadużycia. Jak uparcie podkreślam w całej tej książce, w każdym momencie zawsze istnieje jakiś wybór. Tyle, że do tej pory mogłeś nie mieć świadomości, że w ogóle masz wybór, nie wspominając już o tym, że możesz dokonać innego wyboru. Nie ma nic ważniejszego na tym świecie i w Twoim życiu niż wybranie dla siebie najwspanialszych możliwości.

Moje podejście polega na nazwaniu tego, co nie zostało nazwane w sposób bezpośredni, prawdziwy i współczujący. Mam na myśli wiele form nadużyć, które wciąż są tolerowane i utrwalane.

Kiedy mówię o nadużyciu, nie mam na myśli tylko tych bardziej powszechnych form napaści fizycznej czy molestowania seksualnego. Mam również na myśli ciche społeczne przyzwolenie i akceptowanie sposobów, jakich używamy do manipulacji, kontroli i uciskania siebie nawzajem. W rzeczywistości nadużycie ma wiele twarzy. Obejmuje to wyuczone przez nas pasywno-agresywne sposoby komunikowania się ze sobą jako rasa ludzka. Ktoś może powiedzieć, że to w porządku, nie martw się tym, komunikując się tonem, który sugeruje, że nie jest w porządku i zapłacisz za to później. Albo ktoś darzy Cię miłością i uwagą, kiedy robisz dokładnie to, czego chce, ale w momencie, gdy tylko powiesz lub zrobisz coś, co nie spotka się z jego aprobatą, pokręci głową, odwróci się i będzie milczeć. Taka osoba może powiedzieć, że masz wybór, ale ukarze Cię, jeśli nie wybierzesz tego, co miała na myśli.

Konsekwencją tego jest fakt, że wielu z nas chodzi, nie zdając sobie z tego sprawy, w czymś, co nazywam „Klatką Nadużycia". Klatka, którą będziemy eksplorować w tej książce, jest rodzajem „niewidzialnej tarczy", którą nieświadomie tworzą wokół siebie osoby, które doświadczyły nadużycia. Często ludzie, którzy byli wykorzystywani, nie są nawet świadomi tego, że żyją codziennie w tej klatce. Wszystko, co znają, to poczucie ograniczenia, ciężkości i gęstości. Rzeczy nie wydają się tak optymistyczne i jasne, jak mogłyby się wydawać. I nie są pewni dlaczego tak się dzieje. Niektórzy mogą przypisywać winę przewlekłej chorobie, depresji lub czemuś innemu.

Nie ma znaczenia, czy przemoc i nadużycie, którego doświadczyłeś, miało charakter seksualny, fizyczny, duchowy, finansowy lub emocjonalny, czy było to pojedyncze wydarzenie, czy seria zdarzeń.

W każdym z tych przypadków zmagamy się z głębokim poczuciem bycia złym i niewłaściwym, co od samego początku jest błędne. To poczucie należy do sprawcy, ale my przypisujemy je sobie. Następnie tworzymy całe nasze życie w oparciu o to wewnętrzne poczucie bycia złym i niepoprawnym. W konsekwencji dajemy wielką moc sprawcy aktu nadużycia i bardzo mało świadomości sobie samym.

Jeśli doświadczyłeś nadużycia, najprawdopodobniej nauczyłeś się strategii, które pomagają Ci radzić sobie, tolerować i funkcjonować w takim przemocowym środowisku. Na przykład, jeśli mówiono Ci, żebyś się zamknął, gdy zaczynałeś mówić, najprawdopodobniej nauczyłeś się mówić mniej lub mówić tylko wtedy, gdy byłeś pewien, że wszyscy się na to zgadzają. Albo jeśli, kiedy byłeś szczęśliwy i naprawdę podekscytowany, ktoś przyszedł i powiedział, żebyś się wyciszył, złagodniał i wziął się w garść, mogłeś się wówczas nauczyć, że szczęście i podekscytowanie są złe, niewłaściwe lub że denerwują ludzi. Metaforycznie, uczymy się naginać, składać i okaleczać samych siebie, aby się wpasować i zmieścić w klatce. Na przykład, jesteśmy szczęśliwi tylko wtedy, gdy ludzie wokół nas będą szczęśliwi, albo nie widzimy rzeczy takimi, jakimi naprawdę są, a zamiast tego udajemy, że wszystko jest w porządku (nawet jeśli wiemy, że tak nie jest), albo rezygnujemy z marzeń i pragnień, za które inni mogliby nas osądzić.

Dopóki nie staniemy się świadomi systemów przekonań i ograniczeń, które nabyliśmy w tej klatce, będziemy nadal przyciągać całe życie z tego miejsca i podejmować decyzje z tego miejsca.

- Jeśli wierzymy, że nie jesteśmy wystarczająco dobrzy, aby być kochanymi takimi, jakimi jesteśmy, wpuścimy do naszego życia ludzi, którzy będą nas osądzać lub krytykować w taki sam sposób, w jaki robili to nasi rodzice.
- Jeśli wierzymy, że coś jest z nami nie tak, znajdziemy ludzi, którzy czują tak samo.
- Jeśli wierzymy, że za każdym razem, gdy jesteśmy szczęśliwi, dzieją się złe rzeczy, przyciągniemy ludzi, którzy będą się czuli zagrożeni naszym szczęściem i ukarzą nas za nie.
- Jeśli wierzymy, że wszystko, co się wydarzyło, było naszą winą, znajdziemy ludzi, którzy nie biorą odpowiedzialności za swoje działania i nauczyli się obwiniać innych.

Dopóki nie wydobędziemy tego na światło świadomości i nie wyzwolimy się z tego – a pokażę Ci w tej książce jak to zrobić – będziemy cierpieć. Dopiero, gdy staniemy się tego świadomi, możemy zacząć dokonywać wyborów.

Ten proces wymaga wytrwałości i determinacji – co lubię nazywać nieustępliwą świadomością – aby uznać klatkę, w której żyłeś, która do tej pory trzymała Cię w niekończącej się historii nadużycia, ułomności i ograniczeń jako Twojej rzeczywistości. Moim celem jest pomóc Ci uświadomić sobie, że masz zdolność do tworzenia nowej rzeczywistości i możesz dokonać wyboru zrzucenia starych struktur i kłamstwa, które dotychczas trzymały Cię w klatce.

JAK DZIAŁA TA KSIĄŻKA

Ta książka pomoże Ci wydostać się z Twojej niewidzialnej klatki. Ale zanim to zrobisz, musisz ją rozpoznać, objąć i wiedzieć, że tam jest. Moje podejście polega na nazwaniu tego, co prawdopodobnie do tej pory pozostawało dla Ciebie nienazwane. Gdy klatka zostanie nazwana, możesz ją zobaczyć. Możesz poczuć jej ramy, kraty i pręty, i możesz się z niej wydostać. Do czasu zanim się zorientujesz, że ona tam jest, trzyma Cię w sobie i kształtuje każdy Twój wybór, każdy Twój ruch, każdą Twoją myśl. Kształtuje Twoją rzeczywistość i Twoje postrzeganie siebie.

Jeśli do tej pory żyłeś w klatce, prawdopodobnie założyłeś, że był to Twój jedyny wybór. Właściwie, dla większości ludzi, z którymi pracowałam, koncept wyboru początkowo wydawał się niejasny, a wręcz niezrozumiały. Sprzedano nam mit, że ponieważ doświadczyliśmy nadużyć, nasze życie będzie na zawsze wypełnione cierpieniem. Twoje dotychczasowe życie prawdopodobnie dostarczyło Ci wielu dowodów na to, że tak właśnie jest. Być może wybór nie był czymś, co nawet rozważałeś. Jednak ta książka nie tylko pokaże Ci, jak dokonywać innych wyborów, ale także da Ci do tego narzędzia.

Być może zainwestowałeś już nadzwyczajną ilość czasu i energii, próbując uzdrowić się z nadużycia. Być może, do tej pory nie widzisz pożądanych rezultatów. Odkryłam, że wiele narzędzi i praktyk ma na celu naprawienie lub uzdrowienie siebie i odzyskanie czegoś, co rzekomo straciliśmy. Tradycyjny model terapii uczy nas, że aby być wolnym, trzeba się „naprawić". Przyjmując ten model, zakładasz, że coś jest z Tobą nie tak i szukasz sposobów, aby rozwiązać ten problem. Staje się to studnią bez dna, w której nigdy nie dotrzesz do końca, ponieważ nigdy nie czujesz się naprawiony lub spełniony. Być może znalazłeś się w podobnym zapętleniu, kręcąc się w kółko, zastanawiając się, czy to się kiedykolwiek skończy i czekając na dzień, kiedy zostaniesz w końcu uzdrowiony.

Jako osoba z doktoratem z psychologii, dostrzegam przekonania i ograniczenia tych przekonań na temat tego, co jest potrzebne w dzisiejszym świecie tradycyjnej psychologii, aby uzdrowić się z doświadczonego nadużycia. Ale widzę również poza ograniczenia obecnego paradygmatu uzdrawiania. Zapraszam Cię do przyłączenia się do mnie, wyjścia poza mury obecnego paradygmatu i do nowego paradygmatu Pełni Życia.

Ta książka postawi na głowie stary paradygmat radzenia sobie z nadużyciami. Odkryjesz, że nie musisz do niczego wracać, ani niczego naprawiać. Zamiast tego, podzielę się z Tobą umiejętnością dokonania wyborów z zupełnie innego stanu bycia. Nauczysz się jak wybierać aby zakończyć akt przemocy lub kontynuację doświadczania nadużycia, i nie pozwalać, aby jeden akt lub seria takich wydarzeń zdominowały całe Twoje życie.

Model życia Pełnią Życia, który Ci przedstawiam w tej książce, wymaga ciągłego wyboru i nieustającej świadomości. Jest to wybór, aby nie definiować siebie poprzez to, co Ci się przydarzyło, wybór, którego ta książka pomoże Ci dokonywać w każdej chwili każdego dnia. To, czym się z Tobą dzielę, wykracza poza szukanie szybkich rozwiązań lub uzdrowienie w ciągu jednej nocy. Jest to wytrwała praktyka uważności, w której stajesz się świadomy wyborów wewnątrz siebie w teraźniejszości i jesteś otwarty na wybór nowych możliwości.

Zamierzam przedstawić Ci nadużycie w, prawdopodobnie, nowy dla Ciebie sposób ubierając w słowa niewyrażone myśli, uczucia i strategie radzenia sobie. Nie różni się to od nauki nowego języka. Jednak, kiedy to usłyszysz, prawdopodobnie poczujesz ulgę, która otworzy drzwi do nowego sposobu postrzegania świata. To samo w sobie może spowodować ogromną zmianę w Twojej percepcji i rzeczywistości.

Duża część naszej wspólnej pracy zaczyna się od podniesienia poziomu Twojej świadomości. W części pierwszej zajmiemy się tym, co jest na poziomie wewnętrznym. Zbadamy to, co nazywam 4D, a co mogło sprawiać, że się "wyłączasz". Jest to: Wyparcie (Denying), Obrona (Defending), Odłączenie (Disconnecting) i Dysocjacja (Dissociating). Zagłębimy się w niektóre z typowych emocji towarzyszących nadużyciom, takich jak: wstyd, gniew, wściekłość, smutek i strach. W części drugiej przyjrzymy się, w jaki sposób nadużycie nadal kształtuje i wpływa na Twoje życie zewnętrznie, w tym na zdrowie i ciało, relacje i seksualność, a także pieniądze i karierę. I na koniec, w części trzeciej, zapoznasz się z tym, jak wyjść poza nadużycie i wejść w życie Pełnią Życia. Rozpoczniemy rewolucyjną rozmowę o nadziei, która pokaże Ci, jak możesz uzyskać dostęp do nowego sposobu życia. Odkryjesz, jak dokonać zmiany, aby nie działać już ze starych ram tego, co było wcześniej (przeszłość), a zamiast tego doświadczać życia w nowym stanie świadomości i przytomności. Będziesz mógł stać się bardziej obecny i powstrzymać tak dobrze znajome wzorce „wyłączania się", co w swej istocie jest formą bycia nieobecnym w Twoim życiu.

Będziemy badać to wszystko, co powyżej w kontekście wychodzenia z ograniczeń klatki nadużyć do Pełni Życia, czyli do miejsca, w którym generujesz i kreujesz dla siebie życie wykraczające poza wszystko, co mógłbyś sobie wyobrazić.

CZĘŚĆ PIERWSZA: UWIĘZIENIE W KLATCE NADUŻYCIA

ROZDZIAŁ PIERWSZY: NIEWIDZIALNA KLATKA

Czy budzisz się rano i zaczynasz myśleć o rzeczach, które nie są takie jakbyś sobie tego życzył w swoim życiu lub które wczoraj zrobiłeś źle? To wszystko są formy samo-osądu – jednej z cech charakterystycznych dla „niewidzialnej klatki". Ironią jest to, że jedyną rzeczą, która jest naprawdę niewłaściwa w tej sytuacji, jest Twój samo-osąd.

Osąd to podstępna, ale subtelna energia. Kiedy jest wykorzystywany przeciwko własnej osobie, stajesz się swoim osobistym wiecznym strażnikiem więziennym, co zakleszcza Cię w błędnym przekonaniu, że jesteś przepełniony wadami, zły i bezwartościowy. Jeśli przez cały czas będziesz myśleć, że coś jest nie tak, będziesz tworzyć i manifestować to, że tak właśnie jest, po to aby móc udowodnić, że masz rację, przynajmniej w tym.

Jest taka część nas, która lubi weryfikować to, co uznaliśmy za negatywne. To znajomy sens, który przyzwyczailiśmy się nazywać „domem".

Wyzwanie związane z osądem polega na tym, że nie pozwala on na wolność i ekspansję do wspanialszych możliwości. Zamiast tego umniejszasz własną wartość i walczysz, idąc pod prąd.

Przezwyciężenie osądu jaki powstał i towarzyszy nam w przeszłości jest jednym z kluczowych elementów wydostania się z niewidzialnej klatki i poza szpony nadużycia. W całej tej książce będziemy zgłębiać osądy, które narzucasz na siebie i innych, a także niezamierzone, ale bezpośrednie skutki, które często powstają w ich wyniku. Następnie odkryjemy, w jaki sposób możesz wyjść poza nie, aby tworzyć z poziomu „teraźniejszości" zamiast tworzyć na bazie przeszłych doświadczeń.

Dobrze znam tę ścieżkę.

A Ty musisz podążać za światłem.

MOJA HISTORIA

"Czy wszystko w porządku?" zapytała mnie.

Wydawało się, że to było proste pytanie. Ale prawda

była taka, że pierwszy raz ktoś mnie o to zapytał. Miałam wtedy 21 lat.

Zamyśliłam się, rozważając jej pytanie. Oczywiście, zdecydowanie odpowiedź brzmiała *nie*. Naprawdę nie miałam się dobrze. I kiedy siedziałam tam, w gabinecie psychologa specjalizującego się w przemocy rodzinnej, zastanawiałam się, czy tak naprawdę kiedykolwiek miałam się dobrze.

To był punkt zwrotny, ten moment, który rozpoczął moją fenomenalną podróż nie tylko do uzdrowienia własnych problemów wynikających z nadużycia, ale także pomagania niezliczonej liczbie ludzi na całym świecie w dokonaniu tego samego. To było tak, jakby ktoś w końcu przejrzał przez moją fasadę. Nie mogłam już dłużej ukrywać bólu ani go odpychać. Po raz pierwszy od lat zaczęłam płakać. Dużo wcześniej nauczyłam się, że płacz nie jest bezpieczny. To było coś, czego nie odważyłabym się zrobić w obecności mojej matki, konsekwencje byłyby zbyt poważne.

Do tego punktu zwrotnego musiałam żyć w niewidzialnej klatce. Oczywiście nie była to prawdziwa klatka, a metaforyczna. Jeśli w tym momencie swojego życia jesteś lub byłeś w przeszłości uwikłany w przemocowy wzorzec, prawdopodobnie będziesz wiedział, co mam na myśli. Jest to coś, do czego dziesiątki tysięcy ludzi, którzy połączyli się ze mną poprzez moją pracę i moją audycję radiową, również byli w stanie się odnieść – niewidzialna i często mglista i nie dająca się określić klatka, którą tworzą nadużycia. To cichy ciemiężca, który definiuje nas od wewnątrz.

Do tamtego momentu, moje życie było niemal niekończącą się tyradą przemocy fizycznej, emocjonalnej i seksualnej. To było w zasadzie wszystkim, co znałam. Dziś mogę podzielić się moją historią z zupełnie innego miejsca uzdrowienia, pamiętając, że – kiedy jestem wystarczająco świadoma co kultywuje moje emocje, mogę wybierać inaczej – nadal muszę czasami korzystać z przedstawionych tu narzędzi i technik. Nic nie dzieje się z dnia na dzień i jest to ciągły proces.

Podobnie jak wiele dzieci doświadczających nadużyć, moje pochodziły z wielu źródeł. Ale to doświadczenia z moją matką wywarły na mnie zdecydowanie największy wpływ.

Kiedy dorastaliśmy, uczono nas, abyśmy nie mówili nic o tym, co myślimy i jak się czujemy. Jeśli to zrobiliśmy, byliśmy dosłownie bici i maltretowani. Wściekłość mojej matki była napędzana niezdiagnozowanym zaburzeniem osobowości. To nie przypadek, że później skończyłam psychologię i to ja w końcu ją zdiagnozowałam.

Mimo że zrobiłam doktorat, to jak postrzegała mnie i zachowywała się wobec mnie moja matka sprawiło, że uwierzyłam w to, że jestem głupia i to było przekonanie, które towarzyszyło mi przez cały okres dzieciństwa. Żaden obszar mojego życia nie był w stanie uchronić się przed jej wzorcami. Jednym z przykładów była nauka pisania. Moja matka biła mnie po głowie, kiedy litery wychodziły poza linie na kartce papieru. Jej stosunek do mojej nauki sprawił, że w szkole byłam całkowicie zamknięta w sobie. Kojarzysz dzieciaki, które zawsze śnią na jawie i są samotne? To byłam ja.

Kiedy myślę o swoim stanie emocjonalnym w tamtym czasie, najlepszym sposobem aby go opisać byłoby stwierdzenie, że go nie miałam. Wcześnie nauczyłam się, że znacznie bezpieczniej jest zamknąć się w sobie. Rzadko z kimś rozmawiałam i byłam zupełnie nieobecna. Nawet kiedy używałam wyobraźni, zawsze było to przeciwko mnie. Siedziałam w naszym domu z brązowego kamienia na Brooklynie, wpatrując się w kominek i wyobrażałam sobie, że płomienie to demony, wychodzące z ognia aby mnie zaatakować.

Wydarzenia, które wpłynęły na moją edukację i naukę, były łagodne w porównaniu z innymi kwestiami, z którymi przyszło mi się zmierzyć. W niektórych bardziej zaciekłych chwilach moja matka zatracała się we wściekłości i dosłownie mnie biła. To były czasy, w których zdarzało się, że ciągnęła mnie po podłodze za włosy. Moczyłam się wtedy w majtki. Moje życie przypominało życie zwierzęcia w bezustannym trybie przetrwania, z chwili na chwilę, kwestionującego swoje bezpieczeństwo.

Jak wiele dzieci zmagających się z taką sytuacją jak moja, ciągle fantazjowałam o śmierci lub ucieczce z domu – cokolwiek, aby wyrwać się od tyranii matki. Często leżałam, myśląc o różnych sposobach, w jakie mogłabym umrzeć. Jedynym powodem, dla którego nie zakończyłam swojego życia, było zbyt duże przerażenie, aby to zrobić. Dużo później, w próbie samobójczej rzuciłam się pod autobus. Jednak była to nieudana próba. To było tak, jakby coś mnie odciągnęło, chociaż nikogo wtedy nie było w pobliżu. Ta chwila była jednym z głównych momentów "ocknięcia się", jakich doświadczyłam w życiu — takim, który pokierował mnie w kierunku uzdrowienia. Zrobiłam doktorat z psychologii, i koniec końców doprowadziło mnie to do alternatywnych modalności, które zajmują się duchowością, w tym Hipnoterapii, Szamanizmu, Theta Healing i Access Consciousness®. Każda z nich dała mi narzędzia i techniki, abym mogła zmienić moją świadomość i zmierzać w kierunku pełni życia.

Jednym z najważniejszych odkryć, jakich dokonałam w procesie uzdrawiania, było istnienie „niewidzialnej klatki".

ZDEFINIOWANIE KLATKI

Mówię, że była niewidzialna, bo chociaż żyłam w niej, jak cichy więzień, nawet nie zdawałam sobie sprawy z jej istnienia. Nazwanie jej zajęło mi dekady, nie mówiąc już o ukształtowaniu tego w przesłanie, którym mogłabym podzielić się ze światem. Jednak za każdym razem, gdy mówię o niej komuś, kto doświadczył nadużycia, na jego twarzy pojawia się wyraz rozpoznania, często ulgi. Możesz mieć podobne doświadczenie teraz, gdy czytasz te słowa.

Twoja klatka jest jak duch, który nieustannie szepcze Ci do ucha. Szepcze, gdy masz wyzwania. Szepcze kiedy życie jest dobre i nigdy nie przestaje. W rzeczywistości w takich momentach prawdopodobnie staje się głośniejsze, ponieważ życie w granicach klatki utrzymuje Cię w znajomym miejscu. W klatce panuje dziwny komfort, bez względu na to, jak bardzo pragniesz żyć poza nią.

Życie w klatce to życie bez głosu. Możesz być w stanie mówić i funkcjonować w świecie, ale jest część Ciebie, która jest odizolowana, wyciszona i odcięta od rzeczywistości. Taka część Ciebie, która jest stłumiona, załamana i odrętwiała.

Klatka przemienia również każdy punkt połączenia, który masz w swoim życiu, w coś destrukcyjnego. Uniemożliwia Ci dostęp do możliwości tego, co możesz wygenerować i stworzyć, i ogranicza Cię do „rzeczywistości bez wyboru".

Klatka opiera się na braku, ograniczeniach i kłamstwach. Wkładamy nasze pieniądze i kariery, nasze życiowe decyzje, nasze relacje i wszystko inne w klatkę, a następnie działamy i reagujemy z jej środka. Odpychamy ludzi. Odrzucamy przedsięwzięcia biznesowe, które mogłoby być owocne. Odrzucamy związki, które mają potencjał, aby nas wspierać w pozytywny i pełen miłości sposób. Zastanawiamy się, dlaczego sabotujemy sami siebie, kiedy to, co w rzeczywistości robimy jest funkcjonowaniem w oparciu o to, do czego klatka jest zaprojektowana: walczysz z życiem i mówisz „nie" z miejsca strachu i kurczenia się, zamiast przyjmować życie i mówić „tak" z miejsca ekspansji. Wpadamy w konkluzję na temat życia nie zadając nawet jednego pytania. Reagujemy z przestrzeni doświadczonego nadużycia i właśnie przez to utrzymujemy te doświadczenia przy życiu. Na przykład, możesz iść ulicą mijając kogoś, kogo nigdy wcześniej nie spotkałeś i w jednej chwili poczuć zagrożenie i strach, wpaść w szok i panikę, nie mając pojęcia dlaczego. Okazuje się, że ta osoba pachniała tą samą wodą kolońską, jakiej używała osoba stosująca wobec Ciebie przemoc w okresie Twojego dzieciństwa.

Ból życia w klatce może być tak wielki, że czasami decydujemy się w ogóle tam nie przebywać. W najgorszym wypadku, śmierć może wydawać się jedynym wyjściem i możemy rozważać samobójstwo. Jak wiele osób, które straciły wolę życia, otaczali mnie ludzie, którzy popełniali samobójstwo. Trwało to dość długo, aż do dorosłości, dopóki nie doświadczyłam fundamentalnej transformacji moich własnych problemów.

Najczęściej, gdy nie możemy sprawić, aby bestia siedząca w klatce zniknęła, mamy tendencję aby się znieczulać lub być nieobecnym („wyłączyć się"), aby uniknąć jej bólu. Stajemy się często nieobecni w swoim życiu w ciągu dnia, przez co żyjemy jakby na zewnątrz siebie. Możemy używać jedzenia, alkoholu, narkotyków lub leków, aby wyłączyć się jeszcze bardziej. Możemy nawet mieć „wypadki" – niektóre drobne, jak skaleczenie palca nożem podczas krojenia pomidorów na sałatkę lub wjechanie w kogoś na parkingu podczas cofania, a czasem dużo gorsze. Takie rzeczy mogą się zdarzyć, ponieważ na nieświadomym poziomie sabotujemy samych siebie i staramy się zwrócić naszą własną uwagę — aby się obudzić. Kiedy przestaniemy działać jako nieobecna wersja nas samych i dostosujemy się do tego, kim naprawdę jesteśmy, nie będziemy już „potrzebować" kontynuowania tych zachowań.

Z tego miejsca odrętwienia i zaprzeczenia tworzymy kolejną warstwę na wierzchu naszej istniejącej rzeczywistości. Świat poza klatką kształtowany jest poprzez percepcję tego, kto zamieszkuje jej wnętrze, a im bardziej świat wewnętrzny jest zniekształcony, tym większy wywiera to wpływ na postrzeganie świata zewnętrznego. Kolejny filtr zostaje nałożony na cały świat, jeszcze bardziej go zniekształcając. Idziemy w zaparte. Odłączamy się od wszystkiego, co jest tuż przed nami: relacji z ludźmi, pieniędzy, z perspektywy klatki nawet nasza relacja z ziemią staje się wynaturzona. Bronimy wykreowanej przez nas rzeczywistości, ponieważ z wnętrza klatki ma to sens, chociaż logicznie nie potrafimy wyjaśnić dlaczego.

Jeden z uczestników mojej audycji radiowej opisał to tak: „Właśnie przeprowadziłem się do miejsca, które kocham, z osobą, którą kocham, a jednak budzę się każdego dnia smutny, przestraszony i nie potrafię nic zrobić".

Tak wygląda życie w klatce. Staje się to okrutnym żartem, że cokolwiek zmienisz w swojej zewnętrznej rzeczywistości, Twój punkt odniesienia pozostaje wciąż ten sam. Mówimy sobie: „Oto cudowna rzecz, którą kocham. Oto nowa możliwość. Ale nie mogę tego mieć, ponieważ prowadzę moje życie w oparciu o poczucie niepokoju związane z tym, co wydarzyło się wcześniej".

ANTY-TY

To, co jest stworzone ze środka klatki, nazywam zaprzeczeniem bycia sobą, ponieważ kiedy żyjesz wewnątrz klatki, po prostu zupełnie nie jesteś sobą, jesteś „anty-sobą" zamiast prawdziwym sobą. Jesteś wersją siebie, ale nie swoim prawdziwym ja. Na przykład, kiedy miałam nadwagę (byłam cięższa fizycznie, emocjonalnie, psychicznie i duchowo), to była jedna wersja mnie. Kiedy podjęłam się tej pracy, którą się z tobą dzielę i „uwolniłam" ciężar (odciążając wszystkie aspekty siebie), zbliżyłam się do mojej prawdy – mojego prawdziwego ja. Możesz nawet nie wyglądać tak, jak Ty, ponieważ klatka ma również maskę. Być może czujesz, że pojawia się na Twojej twarzy, gdy masz poczucie zagrożenia, a może nawet nosisz ją przez cały czas, jak zbroję, która chroni Cię przed światem zewnętrznym.

Zaprzeczenie bycia sobą ma tak wiele warstw, że możesz czuć się przytłoczony. Wszystko, co postrzegasz z tego miejsca, rodzi się z ograniczeń i braku. Zamiast korzystać w życiu ze swoich zdolności twórczych, cokolwiek robisz, wydaje się odpychać, wzbudzać niechęć i odbijać się z powrotem do tyłu. Możesz próbować nawiązywać relacje i być może czujesz się wówczas, jakbyś był w epicentrum i naciskał przycisk autodestrukcji. To prawie tak, jakbyś żył z potrzeby zniszczenia siebie i wszystkiego wokół siebie. Czujesz, że w ten sposób jest lepiej. To tak, jakbyś wewnętrznie odtwarzał to, co kiedyś wydarzyło się w Twoim zewnętrznym świecie.

Kiedy zaprzeczenie bycia sobą aktywuje się, znajdujesz się w tym, co nazywam „przestrzenią nadużycia". Jeśli jesteś percepcyjny, możesz nawet poczuć to w energetycznej strukturze swojego mózgu. Dla mnie zlokalizowane jest to w moim mózgu w przedniej części szyszynki i przysadki mózgowej – dosłownie czuję, gdy się aktywuje – gęstość i ciężkość w tym obszarze, która rozchodzi się echem po moim autonomicznym układzie nerwowym, przygotowując mnie do walki, ucieczki lub zamrożenia.

Kiedy jesteśmy w przestrzeni nadużycia, wszystko, co widzimy i doświadczamy obraca się w starą historię o nadużyciu. To, co dzieje się w świecie zewnętrznym wywraca do góry nogami. Widzimy rzeczy, o których jesteśmy przekonani, że są prawdziwe, nawet jeśli otaczający nas ludzie kategorycznie im zaprzeczają. To, co wydaje się prawdziwe, może być fałszywe i na odwrót. Ufamy ludziom, którym nie należy ufać, a nie darzymy zaufaniem ludzi, którym moglibyśmy ufać. W naszym życiu pojawiają się ludzie, którzy reprezentują wszystkie rzeczy jakie chcemy wygenerować i manifestować, ale odpychamy ich, bo zaangażowanie się oznaczałoby życie poza klatką, a z tym czujemy się niekomfortowo.

Zauważamy nieprzerwanie jak świat zewnętrzny konsekwentnie przypomina nam o elementach nadużycia – wyraz twarzy naszego ukochanego, poczucie, że zostaliśmy porzuceni, sugestia, że zrobiliśmy coś, co może być niewystarczające – i w jednej chwili przenosimy się z powrotem w przestrzeń nadużycia. Nasza rzeczywistość odwraca się i wszystko kręci się wokół tego, jak czujemy się źli. Wszystko wydaje się być naszą winą. Wycofujemy się jeszcze bardziej za kraty. Szukając bezpieczeństwa, tak naprawdę znajdujemy dalszą izolację.

Klatka staje się miejscem osądzania niepoprawności nas samych. Nosimy w sobie to poczucie bycia złym, bycia "pomyłką", które należy do naszych oprawców, lecz my przypisujemy je sobie. Czyniąc to, oddajemy swoją moc oprawcy i oddalamy od siebie świadomość. Nie zdajemy sobie sprawy, jak bardzo jesteśmy kimś innym albo reagujemy w sposób jak nas nauczono. W tym momencie staje się to automatyczną odpowiedzią. Jesteśmy zmuszeni, aby to robić, ponieważ przyjęliśmy rzeczywistość innych ludzi tak, jakby była naszą.

Być może zauważyłeś również, że kiedy żyjesz wewnątrz klatki, odbija się to echem we wszystkich innych aspektach Twojego życia. Kiedy filtrujesz świat przez pryzmat nadużyć, przyciągasz je do siebie w większej ilości. Być może odkryłeś, że prowadzi to do większego obwiniania siebie. Być może słyszałeś zwroty takie jak: „Tworzysz własną rzeczywistość". A kiedy nadużycie ciągle się odtwarza i nie wiesz, jak to powstrzymać, budzi to w Tobie poczucie, że coś jest z Tobą nie tak. Z pewnością właśnie tak się czułam jako dziecko, kiedy nadużycia przychodziły do mnie z każdej możliwej strony. To samo uczucie towarzyszyło mi bardzo długo w dorosłym życiu, gdy doświadczanie nadużyć odtwarzało się na różne sposoby.

Istnieje w Tobie głęboko ukryte poczucie, że nigdy nie będziesz na tyle silny, na ile wiesz, że jesteś. Wszystko, co robisz, kiedy funkcjonujesz z tej martwicy, uniemożliwia Ci życie pełnią życia, ponieważ nigdy nie możesz w pełni wydostać się z klatki, którą definiujesz jako swoją niepoprawność. Gdybym miała opisać, co *naprawdę* robi klatka, to trzyma Cię w bezustannym zapętleniu „Jestem w błędzie. Mylę się. Jestem niewłaściwy". Kiedy działasz z takiego miejsca, zawsze będziesz prześladowany przez wszystko i wszystkich.

DZIENNIK ĆWICZEŃ: ŻYCIE W OPARCIU O NADUŻYCIE Z PRZESZŁOŚCI

Kiedy nie jesteśmy połączeni z naszą naturalną dobrocią, doświadczamy rzeczywistości w krzywym zwierciadle.

Zapisz 5 swoich największych konfliktów i wyzwań. Ile z nich możesz zidentyfikować jako pochodzące z poczucia bycia złym, niepoprawnym?

CZEGO MOŻESZ SIĘ SPODZIEWAĆ — OD MARTWICY DO...

Wielu z nas nauczyło się żyć w stanie martwicy zamiast czerpać z pełni życia. Więc, wszyscy żyjemy martwi? Jednym ze sposobów jest odwlekanie z rzeczami, mając świadomość, że gdybyśmy je zrobili, przyniosłyby nam lekkość. Powodem, dla którego nie robimy tych rzeczy, jest to, że wraz z nadużyciem nauczono nas wierzyć, że coś jest z nami z natury nie tak. Zostałeś zaprogramowany, aby wierzyć w swoją niepoprawność i bez względu na to, co zrobisz, zawsze czujesz, że się mylisz i popełniasz błąd.

...DO PEŁNI ŻYCIA

Kiedy krążymy we mgle, czujemy, że nie mamy wyboru. Ale, jak często podkreślam w tej książce, jedną z najcenniejszych rzeczy w nas jest nasza zdolność dokonywania wyborów.

Co by było, gdyby każdy z nas postanowił zaprzestać żyć martwy, na autopilocie i we mgle destrukcyjnych nawyków? Co by było, gdyby naprawdę wyrwać się z klatki nadużycia, uznając, że w tej klatce żyjemy? Co by było, gdyby podjąć konsekwentne działania, aby rozpuścić pręty klatki i przejść przez most do pełni życia?

Gdy się przebudzisz, możesz wybrać i zrobić coś innego. Za każdym razem, kiedy coś przytulisz i ucieleśnisz, stajesz się tym czymś. Możemy zdecydować się na ucieleśnienie innej rzeczywistości. Wszyscy możemy być katalizatorami wyeliminowania i wykorzeniania nadużyć z tej planety. Nie mówię tylko o wykorzystywaniu seksualnym. Mówię o każdego rodzaju nadużyciach: przemocy fizycznej, przemocy psychicznej, przemocy emocjonalnej, przemocy finansowej, przemocy na sobie samym. Nie istnieją kryteria, które mówiłyby, że jedno nadużycie jest gorsze od drugiego. One wszystkie prowadzą do tego samego – okradają Cię z radości życia. I tak długo, jak będziesz utrwalać tę rzeczywistość i wciąż obwiniać oprawców za wszystko, co chcielibyśmy zrobić, a czego nie decydujemy się zrobić, tak naprawdę utrzymujesz nadużycie żywym.

A co jeśli największym kłamstwem i największą chorobą na tej planecie i w tej rzeczywistości jest osądzanie samego siebie, przemoc na sobie samym, niszczenie siebie i ukrywanie istnienia, którym naprawdę jesteś?

$$2$$

ROZDZIAŁ DRUGI: 4D

Jeśli myślisz o klatce w kształcie kwadratu, to są to cztery ściany, zbudowane z prętów. Są to ściany utrzymujące Cię zamkniętego w nadużyciu. Kiedy jesteś zamknięty w pudełku, nie możesz stworzyć ani wygenerować niczego innego niż to, co znajduje się w przestrzeni tego pudełka. W ten sposób kierujesz nadużycie do wewnątrz i stajesz się zarazem własnym oprawcą i ofiarą.

ZAPRZECZANIE I WYPARCIE, OBRONA, ODŁĄCZENIE I DYSOCJACJA

Każde z 4D — zaprzeczanie i wyparcie (denial), obrona (defense), odłączenie (disconnection), dysocjacja (dissociation) — reprezentuje unikalną „ścianę" klatki. Są to samodzielnie wygenerowane mechanizmy radzenia sobie, które wykorzystywaliśmy do walki z nadużyciami w naszym życiu. Zrozumienie 4D jest jak pogodzenie się ze strukturą niewidzialnej klatki, w której do tej pory żyłeś. Celem tej książki jest rozbicie tej struktury. A zaczyna się to od uświadomienia sobie, w jaki sposób 4D utrzymują Cię zamkniętego w Twoim obecnym modelu rzeczywistości.

#1 ZAPRZECZANIE I WYPARCIE

Zaprzeczanie i wyparcie jest pierwszym z 4D. Odbywa się na wielu poziomach. Nie jest to wypieranie, że wydarzenie miało miejsce. Może się to oczywiście zdarzyć, ale zwykle jest to Twój nieświadomy umysł, który szufladkuje wydarzenia w taki sposób, abyś był w stanie sobie z nimi poradzić. Rodzaj zaprzeczania, o którym mówię, to życie z głowy i odłączenie się od ciała. Nazywam to oddzieleniem Twojego ciała od własnego istnienia.

Kiedy oddzielasz swoje ciało od własnego istnienia, możesz mieć częste uczucie bycia poza swoim ciałem. To właśnie sprawia, że ci, którzy doświadczyli nadużycia, wydają się zdystansowani lub nieobecni. To strategia radzenia sobie. Mogłeś się tego nauczyć podczas aktu nadużycia, kiedy zaprzeczyłeś temu, co się dzieje, aby sobie z tym poradzić. Po zakończeniu samego aktu nadużycia, zaprzeczanie trwa nadal na wielu poziomach. Sposobem na wyjście z zaprzeczania jest powrót do swojego ciała. Ale najpierw chcę pokazać Ci różne sposoby, w jakie może manifestować się zaprzeczanie i wyparcie.

Świat Fantazji

Świat fantazji to jeden ze sposobów, w jaki tworzymy zaprzeczanie, gdy zostaliśmy wykorzystani. Tworzymy światy fantazji, jako alternatywę dla rzeczywistości, w której żyjemy. W odpowiedzi na moje własne wychowanie w przemocowym środowisku, stworzyłam żywy i pełen obfitości świat fantazji, w którym wszystko było piękne. To było jak utopijny ideał i w pewnym sensie wierzyłam, że mogę zrobić wszystko. Byłam pewna, że jestem obdarzona w jakąś supermoc. I tu właśnie zaczynają się urojenia wielkości, które często towarzyszą poważniejszym i znaczącym aspektom 4D, takim jak dysocjacja. W dzieciństwie fantazjowanie oznacza, że możemy zaprzeczyć temu, co jest prawdziwe i wycofać się do naszych wyimaginowanych światów.

W moim odrodzeniu, musiałam przyjrzeć się, jak przekształciłam fantazję i scaliłam ją z rzeczywistością. Na przykład, ubóstwiałam swojego ojca i postawiłam go na piedestale. Był moim bohaterem — genialny w biznesie i zarabianiu pieniędzy, a do tego było z nim mnóstwo zabawy. Był przeciwieństwem mojej matki, której nienawidziłam, ponieważ kiedy on wracał do domu, tylko się kłócili, a ona go z niego wypędzała. Nie wiedziałam wtedy o jego zdradach, uzależnieniu od narkotyków czy nadużywaniu alkoholu. W końcu zrozumiałam, że wszystko, czego nie ma w tej rzeczywistości, jest fantazją. Życie z przestrzeni tej fantazji utrzymuje Cię w zaprzeczaniu i jeszcze bardziej wypacza otaczającą Cię rzeczywistość.

Jednym z przykładów tego, jak ludzie wycofują się do świata fantazji, jest przekonanie, że ich życie będzie idealne, gdy wygrają na loterii. Mogą nawet uciekać do świata fantazjowania o wszystkim, co zrobią po wygranej na loterii. Chociaż dzieje się tak w przypadku wielu osób, które nie były wykorzystywane, ta tendencja do uciekania w wyobrażenia o przyszłość i życie poza chwilą obecną może być silniejsza z wnętrza klatki i jest znaczną częścią zaprzeczania i wyparcia.

Cokolwiek, co tworzymy w wyobraźni, w fantazji, a nie manifestujemy tego w rzeczywistości, ogranicza nas. W naszym świecie fantazji tworzymy karierę, jaką chcemy mieć, związek, jakiego pragniemy, samochód, którym chcemy jeździć, miejsce, w którym chcemy żyć. Tam wszystko jest cudowne. I wtedy nasza rzeczywistość znajduje się w wyraźnej sprzeczności z tym. Odmawiamy sobie tego, czego naprawdę chcemy – być może nigdy nie podejmując działań lub nie przygotowując konkretnego planu – ale nie jesteśmy też obecni z tym, co w danej chwili mamy. Nie możemy tego zaakceptować ani docenić. Tak więc zaprzeczanie manifestuje się na wielu poziomach.

Dwa Poziomy Zaprzeczania

W zależności od dotkliwości traumy lub nadużyć, z którymi dana osoba ma do czynienia, zaprzeczanie manifestuje się na dwóch poziomach.

1) Wchodzenie i wychodzenie w zaprzeczanie. Jeśli tak jest w Twoim przypadku, czujesz, że czasami żyjesz w prawdziwym świecie, a innym razem żyjesz w świecie fantazji. Coś Cię sprowokuje i wracasz z powrotem do klatki zaprzeczania. To może pojawiać się w kluczowych obszarach Twojego życia, takich jak pieniądze, związki lub zdrowie.

Jeśli zaliczasz się do tej pierwszej grupy, być może już wykonałeś dużo pracy w związku z doświadczonym nadużyciem. Być może już zrozumiałeś, że odczucie bycia zamkniętym w pudełku może coś u Ciebie aktywować. Może jesteś już w stanie poradzić sobie z poczuciem klatki. Nie przejmuje to już władzy nad Tobą w taki sam sposób, jak wcześniej i wiesz, że Ty nadal masz moc. Wiesz, że można się zmienić i robisz, co w Twojej mocy, aby Ci się udało. Jednak, niektóre pozostałości klatki nadal się utrzymują.

2) Ciągłe życie w zaprzeczeniu i wyparciu. Ta grupa osób często buduje wokół siebie twierdzę nie do zdobycia. Klatka to wszystko, co jest im znane. Nie mogą wyczuć ani poczuć świata poza nią. Ściany klatki są bardzo wyraźne i nigdy nie opadają.

Dla tej grupy rzeczywistość jest zniekształcona z wnętrza twierdzy. Tak było w przypadku osoby, która przed rozpoczęciem zajęć wysłała mi wiadomość na Facebooku twierdząc, że ma skłonności samobójcze. Jak w przypadku tej konkretnej osoby, ściany klatki były bardzo gęste. Było dla mnie jasne, że jest uwięziona w pudełku. Płynie z tego poczucie, że wszystko jest skończone. Osoby z tej grupy często dochodzą do wniosku, że wybór jest tylko jeden.

Przeniesienie Zaprzeczenia na Coś Innego

Pracowałam kiedyś z kobietą, która padła ofiarą gwałtu. Powiedziała mi, że nie jest tak bardzo zdenerwowana faktem, że została „wykorzystana seksualnie", ale bardziej tym, że jej płaszcz został zniszczony podczas tego czynu i nie może dostać kolejnego. Możesz zauważyć, że nie odniosła się do gwałtu, którego doświadczyła, jak do wykorzystania seksualnego, co jest po prostu kolejną warstwą zaprzeczenia.

Od razu zrozumiałam, że była w zaprzeczeniu i wyparciu. Łatwo byłoby ją osądzić, kiedy powiedziała, że chodzi o płaszcz. Natomiast zrozumiałam, że w jej przypadku chodziło o płaszcz. Przeniosła wściekłość na płaszcz *i* nie miała pieniędzy, aby kupić kolejny. To była forma jej zaprzeczenia — jej umysł skoncentrował się na tym, co stało się z płaszczem, a nie na tym, co stało się z nią samą.

Jednym z kluczy do zrozumienia zaprzeczenia jest uznanie, gdzie się znajdujesz. Często moi klienci i uczestnicy warsztatów uświadamiają sobie, że do tej pory żyli w zaprzeczeniu i na początku może to być sporym szokiem. Spotkanie siebie w miejscu, w którym jesteś, otworzy Cię na rozpoczęcie przełamywania wszelkich zaprzeczeń, których doświadczasz.

DZIENNIK ĆWICZEŃ: ODKRYWANIE OBSZARÓW, W KTÓRYCH ZAPRZECZASZ

Fantazje mogą być historiami, które tworzymy na temat jakiejś sytuacji, aby udowodnić sobie to, co myślimy – i jak postrzegamy to jako prawdziwe (kiedy w rzeczywistości jest to kłamstwo), więc nadal zaprzeczamy.

Zastanów się, w jakiej sytuacji wycofujesz się w fantazjowanie, zamiast żyć teraźniejszością. Jakie fantazje tworzysz w swojej głowie? Kiedy zacząłeś je tworzyć? Jakiemu celowi one służą?

Z jakiego poziomu zaprzeczania i wyparcia działasz? Czy żyjesz w zaprzeczeniu 24/7 czy wchodzisz i wychodzisz w zaprzeczanie?

Czy przenosisz akt nadużycia na coś innego lub nie nazywasz tego tym, czym było? Jakiego wsparcia potrzebujesz, aby być w stanie nazwać to, czego doświadczyłeś?

#2 OBRONA

Drugim z 4D jest Obrona (defending). Obrona jest prawdopodobnie najbardziej oczywistym z 4D do zauważenia, ponieważ często jest to natychmiastowy odwet na czymś lub kimś w naszym zewnętrznym świecie.

Obrona jest zewnętrznym wyrazem naszego wewnętrznego zamętu. Może uzewnętrzniać się jako okazjonalny wybuch obronny. Ale, w przypadku wielu osób polega na przyjmowaniu postawy czujności 24/7. To może przypominać zwierzę w klatce, które jest ciągle szturchane kijem. Obrona jest zewnętrznym wyrazem jego strachu. Jej głównym przesłaniem jest: „Nie zbliżaj się do mnie, bo cię zabiję".

Niewidzialny Jeż

Czy zdarza Ci się stawać drażliwym, kąśliwym, gdy ktoś podchodzi do Ciebie? Jedną z głównych oznak obrony jest to, co nazywam byciem „niewidzialnym jeżem".

W pewnym momencie Twojego życia świat nie był dla Ciebie bezpiecznym miejscem. Więc wytworzyłeś „kolce" w celu własnej ochrony. Kiedy byłeś młodszy, prawdopodobnie miałeś nadzieję, że kolce powstrzymają Twojego oprawcę, utrzymując go z dala od Ciebie. Ale teraz trzymają w bezpiecznej odległości też miłość, pieniądze i wszystko inne. Nawet jeśli stworzyłeś je, aby siebie ochronić, w końcu powodują, że widzisz rzeczy w krzywym zwierciadle lub nie ufasz temu, co jest przed Tobą.

Zjawisko niewidzialnego jeża oznacza ciągłe bycie na baczności, bycie nadmiernie czujnym zewnętrznie i wewnętrznie, co może łatwo doprowadzić do pewnego rodzaju wyczerpania, a także zaburzeń pracy nadnerczy lub nieprawidłowego funkcjonowania układu immunologicznego. A to wszystko oczywiście w towarzystwie konfliktów w relacjach i karierze.

Nawet jeśli uzewnętrzniasz niewidzialnego jeża , który często ukazuje się jako obrona, możesz również zauważyć, że go uzewnętrzniasz. Te kolce mogą zwrócić się do wewnątrz, aby penetrować w Twoją dobroć, życzliwość, hojność ducha i wdzięczność. Prowadzi to do dalszych zewnętrznych przejawów: cynizmu, wraz z depresją, lękiem, problemami psychologicznymi, zdrowotnymi i finansowymi.

Nawet jeśli ta kolczasta obrona działała w Twoim przypadku, gdy byłeś młodszy, w późniejszym życiu staje się głęboko zakorzenionym, zaprogramowanym lub uwarunkowanym systemem reakcji, który w rzeczywistości blokuje Cię przed życiem, jakie sobie wymarzyłeś. Kolce blokują Cię przed otrzymywaniem życia, którego pragniesz, ponieważ wydaje się to zbyt niebezpieczne, aby je otrzymać. Korzystanie z tej obrony staje się mieczem obosiecznym, który dźga Cię zarówno zewnętrznie, jak i od wewnątrz.

Dla mnie otrzymywanie zawsze oznaczało osąd. Oznaczało to również robienie tego, co mówiła moja matka, aby mnie nie biła. Otrzymywanie oznaczało bycie i życie w jej rzeczywistości z rozpaczliwym pragnieniem uzyskania opieki i troski. Chciałam od niej otrzymać, ale za każdym razem, kiedy to robiłam, to nie było to, czego pragnęłam, co wzmacniało kolce jeża, zarówno wewnętrznie, jak i zewnętrznie. Poprzez to stałam się bardziej wycofana.

Rozpuszczanie Obrony

Obronę można rozpuścić dobrym humorem. Musi to być jednak odpowiedni humor, ponieważ jeśli wydaje się, że ktoś niewłaściwie śmieje się z Twojej obrony, może to spowodować, że wycofasz się bardziej. Kiedy pracuję z ludźmi, często przełamuję obronę humorem. Humor powoduje, że ta bardzo czujna postawa, która cały czas jest obecna w tle i stoi na baczności 24 godziny na dobę, 7 dni w tygodniu może zrobić sobie przerwę na kawę. Potrzebne jest również spore przyzwolenie oraz przestrzeń, aby układ nerwowy zdołał się wyciszyć.

Pomyśl o filmach, jakie miałeś okazję obejrzeć na YouTube, gdzie pies został zaniedbany i porzucony. Najpierw może się bronić, warcząc i szczekając. Ale potem, kiedy okazuje się mu trochę życzliwości, jego mechanizmy obronne zaczynają słabnąć. Jest to rodzaj podejścia, które musisz przyjąć w stosunku do swojego wewnętrznego jeża i swojego wycofania. Możesz również potrzebować innej osoby, która umiejętnie poprowadzi Cię i ułatwi, aby kolce opadły.

DZIENNIK ĆWICZEŃ: TWÓJ WEWNĘTRZNY JEŻ

Jak często reagujesz wycofaniem i z jaką intensywnością?

Czy zdarzają się sytuacje, w których spodziewasz się odrzucenia i bronisz się przed „szkodą"?

Jakie sytuacje, ludzie lub komentarze aktywują w Tobie wewnętrznego jeża?

Jakie historie opowiadałeś sobie o otrzymywaniu, które sprawiają, że trzymasz kolce w górze, uzbrojony i gotowy do obrony?

3 ODŁĄCZENIE

Odłączenie jest bezustannym stanem oddzielenia umysłu od ciała i ciała od umysłu. Jest to wszechobecny stan oddzielania siebie od relacji ze sobą.

Kiedy jesteś odłączony, możesz zauważyć, że jesz, aby zaspokoić emocjonalną potrzebę, w przeciwieństwie do jedzenia dlatego, że czujesz głód. Wszystko w Twoim życiu będzie stworzone tak, aby pomóc Ci uniknąć tego, o co tak naprawdę chodzi. Zorientujesz się, że jesteś nieobecny i rozwijasz całą gamę rozpraszaczy, które pozwalają Ci coraz mocniej i mocniej wyłączać się.

Nauczyłeś się odłączania w momencie kiedy wydarzyło się nadużycie. To był sposób Twojego ciała na rozdzielenie się od tego aktu, tak że nie musiałeś być obecny, gdy go doświadczyłeś. Chodzi o to, że kontynuujesz to nieustannie po wydarzeniu, ponieważ połączenie z Twoim ciałem mogłoby oznaczać, że ciało pamięta to, co czułeś lub czego doświadczyłeś. Strategia, która zapewniła Ci bezpieczeństwo, może stać się tą, która oddala Cię od doświadczania odżywczych, a nawet radosnych możliwości z Twoim ciałem.

Kiedy się odłączasz, możesz mieć wrażenie, że jesteś poza swoim ciałem. Wiele osób, które są odłączone przez akty przemocy, mówi, że nie czują swoich stóp na ziemi lub mają wrażenie, że żyją poza swoim ciałem. To może sprawić, że czujesz się, jakbyś był podzielony. Jesteś tutaj, ale jednocześnie Cię nie ma. Możesz być w stanie funkcjonować w świecie, ale inni ludzie mogą odnosić wrażenie, że jesteś nieobecny. Z kolei, jeśli spotkałeś kogoś, kto jest odłączony, często możesz poczuć, że prowadzisz z nim rozmowę, a on wyraża się niejasno, jest niewyraźny i odległy.

Jeśli żyjesz w odłączeniu, prawdopodobnie masz do dyspozycji szereg strategii, które Ci to umożliwią. Pamiętaj, że to tylko Twoje ciało, które próbuje chronić Cię przed tym, co czułeś, gdy doświadczyłeś nadużycia. Niezależnie od tego, czy jest to znieczulanie się jedzeniem, alkoholem, zakupami, narkotykami czy lekami. Możesz zauważyć, że szukasz sposobów, aby się odłączyć, zwłaszcza, jeśli połączenie się z ciałem, staje się niekomfortowe.

Kolejną rzeczą, którą możesz robić, jeśli żyjesz w odłączeniu, jest ciągłe działanie na opak. Kiedy żyjesz z dala od siebie lub poza sobą, tracisz kontakt ze swoim autentycznym ja lub wrodzonym połączeniem z tym, co jest dla Ciebie autentyczne. Może się okazać, że mówisz „nie", kiedy masz na myśli „tak" i odwrotnie. Być może śmiejesz się, gdy coś jest smutne i płaczesz, gdy coś jest wesołe. To tak, jakby wszystko było na odwrót. Ale w jeszcze głębszym zrozumieniu, może się okazać, że rozwijasz coś, co można by uznać za przekręcone poczucie humoru związane z nadużyciem. Zauważyłam, że niektórzy ludzie żartują, gdy mówią o tym, że zostali zgwałceni. Jeśli to robisz, jest to mechanizm obronny, który pozwala Ci pozostać odłączonym.

Rozstanie ze Sobą

Jedna z moich audycji radiowych nosiła tytuł *„Zatrzymaj szaleństwo rozstawania się ze sobą"*. Określiliśmy w programie, w jaki sposób kupujemy to, co nam powiedziano o nadużyciach. Zostaliśmy zaprogramowani, aby wierzyć, że jesteśmy ofiarami nadużycia. Wyzwanie polega na tym, że kiedy działamy z mentalności ofiary, kończy się to zablokowaniem energii nadużycia w miejscu. Jeden z komentarzy podczas pokazu wyjaśnił:

„Z nadużyciem jest tak, że kiedy już doświadczyłeś przemocy, będziesz miał tendencję do zamykania tego w swoim ciele, ponieważ to właśnie Twoje ciało doświadczyło przemocy. Uczymy się tego, że jest to bardzo realne, ważne i znaczące, myśląc, że w rezultacie wszystko ulegnie poprawie. W rzeczywistości nie przynosi to takiego efektu."

Czynimy akt nadużycia znaczącym i istotnym, i skupiamy na nim całą naszą uwagę. Z tego względu, że nie wiemy co innego zrobić, pozostaje ono zamknięte w nas. Przeżywamy to na nowo każdego dnia. W rezultacie raczej pogrążamy się w stagnacji niż w kreowaniu. Pozwalamy temu definiować nas, podczas gdy w rzeczywistości jest to okazja do dokonania innego wyboru, takiego, który nas wzmocni i połączy z naszą świetnością poza czynami z przeszłości, i uznania tego, czego nas to nauczyło.

W programie określiliśmy także, w jaki sposób jesteśmy zaprogramowani, aby wierzyć, że nasze doświadczenia są najcenniejszą rzeczą w nas. Jednak najcenniejszą rzeczą w nas jest zdolność wyboru. Jedną ze strategii uzdrawiania nadużycia jest zaprzestanie definiowania siebie poprzez to co się wydarzyło. Aby tego dokonać, musisz zaprzestać się oddalać i odłączać od siebie.

Jak Przełamać Schemat Odłączania Się

Aby powstrzymać schemat odłączania się od siebie, musisz najpierw odszukać i uznać strategie, które w tym celu wykorzystywałeś. Wszystko, co sprowadza Cię z powrotem do ciała, sprawi, że poczujesz się bardziej połączony. Ale przede wszystkim musisz czuć się w porządku z byciem w swoim ciele, ponieważ strategia odłączenia się istnieje z jakiegoś powodu. Musimy więc przyjrzeć się ukrytym przekonaniom na temat nadużycia, które spowodowały, że odłączyłeś się od siebie. Jeśli zasugeruję, żebyś przestał znieczulać się jedzeniem lub innymi rozpraszaczami, ale nie zmierzysz się z podstawowym powodem, dla którego to robisz, to jest mało prawdopodobne, że będziesz w stanie po prostu wrócić do swojego ciała.

Celem tej książki jest otwarcie zupełnie nowego dialogu na temat przejścia ponad nadużycie. Jednym z celów jest pomóc ci wyjść z mentalności ofiary i poza ustalony punkt widzenia, że musisz zdefiniować siebie poprzez doświadczone nadużycie. Ta zmiana perspektywy może utorować Ci drogę do ponownego połączenia się ze sobą.

DZIENNIK ĆWICZEŃ: IDENTYFIKACJA SPOSOBÓW ODŁĄCZANIA SIĘ

W jaki sposób odłączenie uzewnętrznia się w Twoim ciele? Czy czujesz, że opuszczasz swoje ciało, kiedy odłączasz się lub wycofujesz się do pewnej jego części? Gdzie idziesz? Czy odłączanie wydaje się być stałe, czy pojawia się i znika?

Jaka duża część Twojej tożsamości ukształtowała się wokół bycia ofiarą nadużycia? Jakie uwarunkowane reakcje zachowujesz w swoim ciele, które sprawiają, że czujesz się zamknięty w swoim obecnym modelu rzeczywistości?

#4 DYSOCJACJA

Najbardziej powszechnym z 4D jest dysocjacja. Występuje wtedy, gdy nadużycie staje się tak zamknięte w ciele, że jest to miejsce, z którego funkcjonujemy. Jesteśmy zamknięci w klatce nadużycia i stamtąd żyjemy. To ekstremalny i ciągły stan hiper czujności, z którego filtrujemy naszą rzeczywistość. Część ciebie bezustannie żyje „na suficie" lub w innym świecie. Często objawia się to stanami, takimi jak zespół stresu pourazowego (ZSP).

Dysocjacja to ciągły stan zamrożenia i odrętwienia. Ze względu na wysoki poziom hormonów stresu, krążących w ciele, może on być powodem przewlekłych problemów fizycznych, szczególnie, jeśli utrzymuje się przez długi czas. Może również prowadzić do poważniejszych chorób psychicznych i zaburzeń osobowości, a w skrajnych przypadkach powodować rozdwojenie jaźni. Ten temat wykracza poza ramy niniejszej książki.

Podsumowując, 4D tworzą ściany niewidzialnej klatki, która zamyka nas w nadużyciu z przeszłości uniemożliwiając nam wybór pożądanego przez nas życia w tej rzeczywistości. Zaprzeczanie i wyparcie, obrona, odłączanie i dysocjacja to „ściany", które trzymają Cię zamkniętego, jak w pudełku. Gdy jesteś w swojej klatce, nie możesz kreować ani generować niczego innego poza tym, co znajduje się w jej przestrzeni. W ten sposób nadużycie kieruje się do wewnątrz, a Ty stajesz się jednocześnie swoim własnym oprawcą i ofiarą.

Kreowane przez Ciebie wyobrażenia mogą czasami wydawać się lepsze niż Twoje realne życie, w którym wciąż zmagasz się z nadużyciami. Bycie zamkniętym w klatce daje złudne poczucie bezpieczeństwa. Aby spojrzeć na świat fantazji, który stworzyłeś potrzebna jest ci nieustępliwość dążenia do świadomości. Musisz rzucić sobie wyzwanie, by tworzyć poza światem fantazji i poza klatką. Przyjrzyjmy się teraz, jakie emocje towarzyszą życiu w klatce.

emocji i płyniemy na ich fali, czując, że są poza naszą kontrolą.

Jak wspomniałam wcześniej, istnieją pewne dominujące emocje, które utrzymują się po doświadczeniu nadużycia. Często tkwimy w nich i zarazem w niższej częstotliwości harmonicznej, którą reprezentują. Łączą się z zaprzeczeniem bycia sobą, o którym mówiliśmy w rozdziale pierwszym. Kiedy zamykamy się w tych stanach emocjonalnych, zniżamy się do energii, przestrzeni i świadomości, które są odwrotnością tego, kim naprawdę jesteśmy. Te emocje trzymają nas w zamknięciu w 4D, szczególnie w zaprzeczeniu i obronie. Z niższej harmoniczności stanu emocjonalnego, nawykiem staje się dla nas atakowanie, a więc cykl się pogłębia. Wchodzimy w te stany, myląc je z rzeczywistością. Stają się dla nas nawykiem, ponieważ im bardziej rezonujemy z określoną częstotliwością, tym jest ona silniejsza i bardziej nam znajoma. Jest to jeden z powodów, dla których czasami pozostajemy w strefie komfortu, który w rzeczywistości jest strefą „dyskomfortu". Ten rezonans, mimo że bolesny, jest tak bardzo znajomy i nauczyliśmy się go akceptować i z nim żyć.

Te emocje oznaczają również, że stawiamy opór i odrzucamy życie — w rzeczywistości są one paliwem dla tego oporu, wpływając na nasze zdrowie fizyczne, relacje i finanse. Walka z emocjami jest wyzwaniem, natomiast, jest to część procesu odzyskiwania Twojej prawdziwej esencji i siebie, co stawia Cię na drodze do pełni życia i daje moc możliwości wyboru. Kiedy nie jesteś zdominowany przez swoje emocje, życie w pełni staje się w naturalny sposób Twoją wyższą wibracją.

WSTYD

Wstyd jest kolejną przeszkodą do osiągnięcia szczęścia, ponieważ wywołuje poczucie, że nie zasługujemy na pomyślność — miłość, szczęście i sukces. Wstyd ogranicza również przychylność losu, ponieważ sprawia, że żyjemy w przestrzeni przeszłości, powracamy jak echo do poczucia wstydu, co nie pozwala nam być obecnymi tu i teraz, gdzie przychylność losu i szczęście ma miejsce.

— GAY HENDRICKS I CAROL KLINE,
ŚWIADOME SZCZĘŚCIE

Istnieje różnica między poczuciem winy a wstydem, w kontekście nadyżycia. Poczucie winy to: „Popełniłem błąd i przepraszam". Idziesz do przodu. Podczas gdy wstyd to: „Ja *jestem* błędem". Tak więc, wiele razy, gdy ktoś chce wyjść poza doświadczone nadużycie, tak naprawdę musi wyjść poza wstyd związany z przekonaniem, że jest nieodpowiedni lub wadliwy. To sytuacja, środowisko, osoba, która dopuściła się nadużycia, była w pewien sposób wadliwa. Miała w swoim oprogramowaniu coś, co powodowało, że działała w ten sposób. I przejąłeś jej historię, jako swoją tożsamość.

Wstyd jest najbardziej znaną emocją związaną z doświadczeniem nadużycia. Jest generowany ze wszystkich sekretów, które ukryłeś w związku z nadużyciem. Być może powiedziano Ci, żebyś ukrywał to co się wydarzyło przed innymi lub grożono Ci jakimiś konsekwencjami, jeśli ujawnisz prawdę. Inna możliwość jest taka, że nadużycie wydarzyło się w taki sposób, który nie został nazwany ani wyrażony. To, co się stało zostało uznane za „normalne", a głębsza część Ciebie nadal nie wie jak wyrazić i nazwać to, co się wydarzyło. Kolejna możliwość jest taka, że mogłeś odważyć się wypowiedzieć lub wyrazić to, co się wydarzyło i spotkało się to z osądem lub zarzutami, że kłamiesz. Sytuacje, w których nadużycie w rodzinie zostało wyrażone i potraktowane ze współczuciem, są mniej powszechne, ponieważ w wielu przypadkach, jeśli przyznamy, że doświadczyliśmy nadużycia, coś musi się zmienić. Małżeństwa się rozpadają. Bliscy udają się do sądu. Często ludziom jest „łatwiej" odciąć się od świadomości i zaprzeczać, że coś się wydarzyło, niż stawić czoła konsekwencjom prawdy.

Tak więc, wstyd nadużycia jest skierowany do wewnątrz. Czujesz się, jakbyś był uszkodzony lub wybrakowany i automatycznie trzymasz się swojej nieprawidłowości. Stajesz się sekretem, a czyniąc to, nie możesz już dłużej być sobą.

Okrutny żart na temat wstydu polega na tym, że dziewięćdziesiąt procent tego, co ukrywasz, w rzeczywistości chowasz przed samym sobą, ponieważ tak zostałeś zaprogramowany. Aby udźwignąć tę tajemnicę, skierowałeś ją do wewnątrz siebie w pokręconej formie zaprzeczenia. Oznacza to, że nie możesz być w zgodzie ze sobą.

Wstyd przejawia się w Tobie jako ciężar i gęstość. Chodzisz ze wzrokiem wbitym w ziemię i spuszczoną głową. To tak, jakbyś cały czas żył ze zmarszczonymi brwiami, a wraz z aktywacją, zmieniałbyś wyraz twarzy.

Wstyd zmienia również to, kim jesteś od wewątrz. Nie możesz mieć prawdziwej intymności (*in-to-me-i-see*, czyli wglądu we własne wnętrze), kiedy jesteś otoczony chmurą wstydu. W każdej interakcji wiesz, że nie jesteś prawdziwym sobą, co z kolei wywołuje większe poczucie wstydu i sprawia, że ukrywasz się jeszcze bardziej. Cykl trwa cały czas zacieśniając wokół Ciebie klatkę przemocy.

Oto kosmiczny żart jakim jest wstyd: spędzasz całe życie na tym, aby zatrzymać wstyd uwięziony w swoim ciele, czym jednocześnie otwierasz się na wszelkiego rodzaju choroby (fizyczne, umysłowe, emocjonalne i duchowe) tylko po to, by się ukryć, aby nikt nie wiedział, że tego doświadczyłeś. Jednak większość ludzi na tej planecie też coś ukrywa!

Jak więc osłabić spoiwo wstydu? Jednym z najlepszych sposobów jest zaangażowanie się w prawdziwą rozmowę na ten temat — wyzwolenie się z tajemnicy otaczającej nadużycie.

Twoja Historia i Wstyd — Jakie Ma To Znaczenie dla Ciebie i w Kontekście Twojej Osoby?

Czasami, gdy pracuję z ludźmi, aby ułatwić zmianę, muszę się trochę wycofać i przeprowadzić ich przez to, co się wydarzyło, aby mogli wyjść poza nadużycie. Uwzględnia to , przyswojenie, rozpoznanie i uznanie tego, co według nich znaczyła dla nich i o nich ich własna historia i jak nadal ją przeżywają. Dla wielu moich klientów bycie wykorzystywanym seksualnie, fizycznie lub emocjonalnie wywołuje poczucie niestabilności emocjonalnej lub psychicznej, które jest odbierane jako skaza.

Zrozumienie, w jaki sposób interpretujesz własną historię i wstyd – jego znaczenie dla Ciebie i o Tobie –

może pomóc Ci w określeniu nowego wyboru i stworzeniu nowej historii. Pomoże Ci zobaczyć, jak znaczenie, które jej przypisałeś, ogranicza przyszłość, której mógłbyś doświadczać – a dokładnie, radość, szczęście i wolność. Prawie za każdym razem, gdy przechodzę z osobą przez przywiązanie do jej historii, klejem, który spaja wszystko w całość, jest wstyd oraz identyfikacja z nim, która powoduje, że osoba wierzy, że jest tym, kim naprawdę jest.

Nie jesteś swoim wstydem. To jedynie coś, do czego się przyzwyczaiłeś.

Ta książka nie jest o osądzaniu. Jest o jedności. Chodzi o to, aby wykorzystać tę rozmowę jako sposób na eliminację nadużycia. Obejmuje to rozpoznanie, że nasi oprawcy również działali w oparciu o swoje programy, i pomoc im na poziomie energetycznym, aby również mogli wyjść poza nadużycie.

„...jeśli jesteś jedną z wielu osób, które mają problem ze swoimi rodzicami, jeśli nadal żywisz do nich urazę z powodu czegoś, co zrobili lub czego nie zrobili, to nadal uważasz, że mieli wybór — że mogli postąpić inaczej. Zawsze wygląda to tak, jakby ludzie mieli wybór, ale to iluzja. Dopóki Twój umysł ze swoimi uwarunkowanymi wzorcami kieruje Twoim życiem... jaki masz wybór?"

— ECKHART TOLLE, POTĘGA TERAŹNIEJSZOŚCI

Dopóki zatrzymujemy w sobie wstyd, zatrzymujemy nadużycie. Dopóki nie ujawniamy historii, zatrzymujemy nadużycie w naszych ciałach. Kiedy identyfikujemy się ze wstydem, zamykamy go w naszych ciałach. A kiedy to robimy, wystawiamy się na choroby i życie z przestrzeni ograniczonych możliwości. Pozostajemy zamknięci w naszej klatce, a to sprawia, że doświadczenie nadużycia staje się Twoim bogiem, zamiast Tobą będącym swoim własnym bogiem. Nie odnoszę się oczywiście do „Boga" w aspekcie religijnym, ale wskazuję na moc, jaką masz do tworzenia swojej własnej rzeczywistości.

ĆWICZENIE ENERGETYCZNE: UWOLNIJ WSTYD I OSĄD

ĆWICZENIE wyzwala całą energię, jaką gromadzisz wokół wstydu oraz postrzeganie siebie jako osoby ze skazą, niestabilnej pod względem emocjonalnym lub fizycznym. Jakkolwiek to czułeś, kiedykolwiek to czułeś i z kimkolwiek nadal to odczuwasz, możesz uwolnić wstyd – w tym wszystkie jego ukryte, niewypowiedziane, nieuznane lub nieujawnione sekrety lub programy – do ziemi.

Używając palców, wyobraź sobie, że gromadzisz energię wstydu, zaczynając od stóp, idąc aż do czubka głowy z przodu i z tyłu ciała. Wyrzuć ją do ziemi przed sobą i powiedz głośno: „NIE, NIGDY WIĘCEJ NADUŻYCIA. TO MOJE CIAŁO I MÓJ WYBÓR! MOJE PRAWO!" Zrób to co najmniej 3 razy, wyobrażając sobie, jak energia rozprasza się i uwalnia do ziemi. Możesz to również zrobić z gniewem, smutkiem i innymi emocjami.

Następnie, zauważ jakikolwiek wzrost lub pozytywne zmiany w swojej energii.

*Na podstawie Access Consciousness®

SMUTEK

Smutek to gniew skierowany do wewnątrz. Nie miałeś okazji go uzewnętrznić, więc zwracasz go ku sobie.

Kiedy tkwisz w smutku, w rzeczywistości tkwisz w świadomości ofiary. To ruchome piaski, które trzymają Cię w ryzach tak, że nie możesz wykonać żadnego ruchu. Wyzwanie związane ze smutkiem polega na tym, że wyobrażenie społeczne na temat nadużycia jako trudnego do uzdrowienia, jedynie wzmacnia smutek.

Kiedy jesteśmy smutni z powodu nadużycia, działamy z przekonania, że to nie powinno się nam przydarzyć. W powszechnym postrzeganiu świata utrwalane jest błędne przekonanie, że w życiu nie powinno być żadnych wyzwań. Przekonanie to zawiera domyślne założenie, że życie powinno toczyć się gładko, spokojnie i bez zakłóceń. W życiu przytrafiają się różne sytuacje, a kiedy działamy przez taki filtr pojawia się wrażenie, że zostaliśmy w jakiś sposób oszukani przez życie. Kiedy patrzymy na nadużycie przez pryzmat świadomości ofiary, staje się to najgorszą rzeczą, jaka może przydarzyć się człowiekowi, i tracimy zdolność wykorzystania nadużycia, jako transformującego doświadczenia życiowego.

Kiedy tkwimy w smutku, nie czujemy już, że mamy wybór, ponieważ funkcjonujemy z przekonania, że nigdy nie uda się wyjść poza ten stan.

W psychologii umiejętność dostrzegania doświadczenia, jako w jakiś sposób korzystnego dla osiągnięcia najwyższego potencjału jest określana jako „potraumatyczny rozwój". Pozwala nam on uznać, że stajemy się silniejsi i bogatsi poprzez wyzwania. Nie możemy postrzegać naszych doświadczeń w ten sposób, gdy postrzegamy je jako zło.

DZIENNIK ĆWICZEŃ: CHWILA REFLEKSJI

Jak często działasz z emocji smutku? Jakie sytuacje go wywołują? W jaki sposób to się uzewnętrznia? Jak odczuwasz to w swoim ciele?

Czy potrafisz rozpoznać poczucie bezsilności, które towarzyszy tej emocji?

Jakie myśli są powiązane z momentem, kiedy wpadasz w stan smutku?

Po zakończeniu tego ćwiczenia możesz powtórzyć poprzednie ćwiczenie energetyczne. Zamiast wstydu i osądu, tym razem uwolnij emocję smutku.

Używając palców, wyobraź sobie, że gromadzisz energię smutku, zaczynając od stóp, idąc aż do czubka głowy z przodu i z tyłu ciała. Wyrzuć ją do ziemi przed sobą i powiedz głośno: „NIE, NIGDY WIĘCEJ NADUŻYCIA. TO MOJE CIAŁO I MÓJ WYBÓR! MOJE PRAWO!" Zrób to co najmniej 3 razy, wyobrażając sobie, jak energia rozprasza się i uwalnia do ziemi.

Następnie, zaobserwuj jakikolwiek wzrost lub pozytywne efekty w swojej energii.

GNIEW I WŚCIEKŁOŚĆ

Gniew może być źródłem energii siły życiowej, i kiedy jest wyrażany świadomie, może pomóc Ci wyjść poza Twój obecny stan. Jednak, gdy nie jest prawidłowo zutylizowany, przypomina wyciekający jad, który utrzymuje Cię w stanie zwątpienia i nieufności.

Wściekłość to gniew skierowany do wewnątrz. To niekontrolowana, toksyczna energia i zarazem zewnętrzna manifestacja Twojego wewnętrznego stanu. To erupcja wulkanu: „Nienawidzę tego wszystkiego". Kiedy żyjesz w takim permanentnym stanie, często przeskakujesz między wściekłością a depresją. Z biochemicznego punktu widzenia, wściekłość trwa tylko do momentu zwiększenia się poziomu kortyzolu i obniżenia poziomu DHEA w organizmie, ponieważ jest to stan wysokiego stresu. Może to prowadzić do huśtawki emocjonalnej, z atakami depresji, w których ciało nie jest już w stanie dłużej wytrzymać wściekłości, zanim wpadnie ponownie we wściekłość. Jest to poważnie wyczerpujący cykl, który zniekształca nasze postrzeganie rzeczywistości, prowadząc nas do tego, że widzimy tylko to, w co wierzymy, że się wydarza, nawet gdy ludzie wokół nas próbują nam pokazać lub powiedzieć coś innego. Ludzie tkwiący w tym cyklu, są często odbierani przez otoczenie jako „zgorzkniali". Funkcjonowanie w tej częstotliwości może być wyzwaniem, ponieważ przyciąganie wściekłości jest bardzo silne.

Jedną z rzeczy, którą jesteśmy w stanie zrobić, to zebrać te bardziej toksyczne formy wściekłości i przekształcić je w narzędzia do zmiany. Może być do tego potrzebny wykwalifikowany terapeuta (facylitator), który pomoże Ci wyjść z wściekłości i wykorzystać tę energię, jako narzędzie do transformacji. Jeśli funkcjonujesz z poziomu wściekłości, możesz czuć się lepiej niż w stanie depresji, ponieważ gdy wyrażasz wściekłość, coś się porusza.

Umiejętnością jest przeniesienie tej energii w kierunku, który Ci służy, a nie, który wzmacnia Twoje wyzwania.

Pierwszym krokiem w tym kierunku jest rozpoznanie i uznanie, czy dałeś się złapać w cykl wściekłości.

DZIENNIK ĆWICZEŃ: CHWILA REFLEKSJI

Celem tego ćwiczenia jest spowodowanie, aby każda emocja była odrębna, tak abyś mógł je oddzielić i pozwolić Twojemu ciału stać się Twoim sprzymierzeńcem.

Umieść dłoń na tej części ciała, która odczuwa złość. Teraz połóż dłoń na tej części ciała, która odczuwa wściekłość. Czy jesteś w stanie określić różnicę lub podobieństwo między gniewem a wściekłością? Która z tych emocji u Ciebie dominuje? Czy miotasz się pomiędzy wściekłością a depresją?

Czy doświadczyłeś używania złości do wyrażenia swojego punktu widzenia?

Czy potrafisz określić różnicę pomiędzy potencjałem gniewu a wybuchem wściekłości?

Po zakończeniu tego ćwiczenia możesz powtórzyć wcześniejsze ćwiczenie energetyczne, tym razem używając emocji gniewu i wściekłości.

Używając palców, wyobraź sobie, że gromadzisz energię gniewu i wściekłości, zaczynając od stóp, idąc aż do czubka głowy z przodu i z tyłu ciała. Wyrzuć ją do ziemi przed sobą i powiedz głośno: „NIE, NIGDY WIĘCEJ NADUŻYCIA. TO MOJE CIAŁO I MÓJ WYBÓR! MOJE PRAWO!" Zrób to co najmniej 3 razy, wyobrażając sobie, jak energia rozprasza się i uwalnia do ziemi.

Następnie, zauważ jakikolwiek wzrost lub pozytywne efekty w swojej energii.

STRACH

Strach to stan, w którym tkwisz, zamrażasz się i popadasz w odrętwienie. Kiedy żyjesz w strachu, płyniesz pod prąd prosto w strefę zniszczenia. Jest to automatyczny system reagowania, w którym nieustannie przygotowujesz się na to, co w Twoim zewnętrznym świecie może być traumatyczne.

Kiedy żyjesz w strachu, ktoś zawsze będzie z tobą zadzierał, oszukiwał, wykorzystywał, krzywdził, odrzucał lub porzucał. Zwykle nie ma to nic wspólnego z osobą, która jest w to zaangażowana bo często projektujesz na nią swoją wersję rzeczywistości.

Kiedy żyjesz w ciągłym strachu, nigdy nie możesz być obecny.

Strach prawie zawsze wiąże się z powracaniem do przeszłości, jako punktu odniesienia dla tego, co wydarzyło się wcześniej, i projektowaniem tego samego na przyszłość.

DZIENNIK ĆWICZEŃ: CHWILA REFLEKSJI

Jak często funkcjonujesz z poziomu strachu? Połóż rękę na tej części ciała, która odczuwa strach.

Jakie sytuacje go wywołują? Jak to się ukazuje? W jaki sposób odczuwasz to w ciele?

Czy zauważasz, że cofasz się w przeszłość, a potem szukasz podobnych rzeczy w teraźniejszości? Czy szukasz w teraźniejszości dowodów na to, że coś pójdzie nie tak?

Jakie strategie możesz zastosować, aby złapać siebie na tym, gdy rodzi się strach?

Kiedy zakończysz to ćwiczenie, możesz powtórzyć ćwiczenie energetyczne, ponownie zastępując tym razem emocję strachu.

Używając palców, wyobraź sobie, że gromadzisz energię strachu, zaczynając od stóp, idąc aż do czubka głowy z przodu i z tyłu ciała. Wyrzuć ją do ziemi przed sobą i powiedz głośno: „NIE, TO NIE JEST PRAWDZIWE. WYBIERAM, ABY BYĆ OBECNYM TERAZ!"

Zrób to co najmniej 3 razy, wyobrażając sobie, jak energia rozprasza się i uwalnia do ziemi.

Następnie, zaobserwuj jakikolwiek wzrost lub pozytywne efekty w swojej energii.

Podsumowując: życie w emocjach, które towarzyszą nadużyciu to funkcjonowanie z niższych częstotliwości harmonicznych. Aby żyć pełnią życia i działać w wyższych częstotliwościach harmonicznych, musimy najpierw rozpoznać to, że żyjemy w emocjach nadużycia i utożsamiamy się z ich częstotliwością emocjonalną, którą uznajemy za normalną.

Rozważmy teraz, jak życie w klatce nadużycia i funkcjonowanie w emocji z nią związanych wpływa na różne obszary Twojego życia. W dalszej części tej książki dowiesz się, w jaki sposób możesz przekształcić te emocje, aby móc żyć pełnią życia.

CZĘŚĆ DRUGA: SZAMOCZĄC SIĘ W KLATCE

4

———

ROZDZIAŁ CZWARTY: CIĄG DALSZY NADUŻYCIA

Kiedy to się skończy?

To pytanie zadawałam sobie wiele razy w życiu. Jednak tak naprawdę nie wiedziałam, czy kiedykolwiek tak się stanie. Niezliczone nadużycia, których doświadczyłam w różnych formach w ciągu swojego życia, wydawały się mnożyć w miarę upływu czasu. Im bardziej się to nawarstwiało, tym bardziej byłam przekonana, że coś jest ze mną nie tak, każde nowe wydarzenie zdawało się potwierdzać model rzeczywistości, z którego funkcjonowałam zakładający, że w pewnym sensie byłam wadliwa.

Teraz wiem to, czego wtedy nie rozumiałam, że kiedy działamy z wnętrza klatki nadużycia, ono się odtwarza, a my nie wiemy, jak to powstrzymać. Być może sam doświadczyłeś czegoś podobnego, gdy wrogie, przemocowe relacje i komunikacja wydają się przychodzić do Ciebie z każdej strony.

W rzeczywistości, nadużycie bardzo rzadko kończy się wraz z zakończeniem pierwotnego wydarzenia.

Po początkowym akcie przemocy może się wydawać, że wszyscy nadal się nad Tobą znęcają.

Samo nadużycie, bez względu na to, czy jest jednorazowym wydarzeniem, czy serią pomniejszych zdarzeń, odbija się echem w naszym życiu i naszej rzeczywistości długo po tym, gdy do niego doszło.

Nawet jeśli doświadczyłeś nadużycia w jednej konkretnej dziedzinie swojego życia, prawdopodobnie odbiło się to echem i pojawiło w różnych obszarach życia i na wiele sposobów. Być może zauważasz, że stało się to jak plaga, która rozprzestrzenia się na wszystkie zakątki Twojej egzystencji. Jeśli nadużycie zaczęło się w dzieciństwie, to prawdopodobnie (chyba, że znacząco je przetransformowałeś i nie wywiera już na Ciebie wpływu) jego kontynuacja w wielu formach była do tej pory Twoim głównym punktem odniesienia.

SZOK PRZEMOCOWY

Jednym z kluczy do zrozumienia, jak reagujesz na nadużycie, jest to, że przemoc wywołuje szok dla systemu nerwowego. Powstała w ten sposób trauma narzuca na Twoje ciało automatyczny system reakcji, który reaktywuje się w sytuacjach stresujących. Chemia naszego ciała dosłownie zmienia się, gdy doświadczamy nadużycia, a my dostosowujemy się do niej poprzez wycofanie do niewidzialnej klatki.

Początkowo klatka była naszym bezpiecznym schronieniem i powracanie do tego miejsca to wszystko, co umiemy zrobić w obliczu sensorycznego i molekularnego przeciążenia, jakie wywołało pierwotne wydarzenie. Ilekroć coś przypomina nam o pierwotnym akcie przemocy, lądujemy z powrotem w klatce. Zwykle zaangażowane są w to wszystkie zmysły, a każdy sensoryczny bodziec ze świata zewnętrznego może spowodować, że wycofamy się z powrotem do klatki. Czujemy coś, co przypomina nam o pierwotnym wydarzeniu – perfumy lub płyn po goleniu – i zaczynamy się wycofywać. Słyszymy coś – na przykład ton głosu lub konkretne słowo, które zostało użyte podczas nadużycia – i ponownie wracamy do klatki. Widzimy coś, co przypomina nam o zdarzeniu – nasz oprawca miał zarost, widzimy mężczyznę z zarostem – i nagle znowu się wycofujemy. Są też bardziej subtelne aktywatory molekularne: wiele uczuć i emocji, które wywołało nadużycie. Często, gdy ktoś doświadczył nadużycia, uczucia i emocje z tym związane blokują się w ciele i mogą zostać ponownie wyzwolone przez najdrobniejszą rzecz z zewnętrznej rzeczywistości. W pewnym sensie, w ten sposób zamykamy sprawcę w komórkach naszego istnienia. Rzeczywistość sprawcy staje się więc filtrem, przez który doświadczamy świata, i jest kluczową częścią tego, co trzyma nas zamkniętymi w klatce.

Chociaż klatka została zaprojektowana, aby nas chronić – docelowo dać bezpieczeństwo i zapewnić, że podobne wydarzenie się nie powtórzy – ostatecznie definiujemy siebie poprzez szok tego, co się wydarzyło. W efekcie nasza struktura molekularna zmienia się i te zmiany stają się filtrem, przez który doświadczamy rzeczywistości.

Jak wspomniałam wcześniej, świadomość jest ogromną częścią uzdrawiania klatki nadużycia. Ale kiedy pojawia się aktywator ponownie wpadamy w klatkę, dlatego że w naszych ciałach jest zatrzymany szok jaki wywołało pierwotne wydarzenie. Wówczas działamy z *przeciwieństwa* świadomości.

Działamy z transu, tak jakbyśmy byli zahipnotyzowani.

FUNKCJONOWANIE W TRANSIE

Jeśli informacja sensoryczna o tym, co się wydarzyło, jest często aktywowana, zaczynasz funkcjonować z zaprzeczenia bycia sobą. Jeśli sobie przypominasz, zaprzeczenie bycia sobą uniemożliwia Ci generowanie i tworzenie w Twoim życiu.

Kiedy ukazujesz się jako zaprzeczenie bycia sobą stajesz się „anty-sobą", prawdopodobnie wydarzy się jedna z dwóch rzeczy.

- Masz świadomość, że coś jest „nie tak", ale nie wiesz co i wydaje Ci się, że nie masz do tego dostępu.
- Żyjesz w klatce, ale nie zdajesz sobie z tego sprawy.

W obu przypadkach, zwykle towarzyszy temu tendencja do obwiniania całego świata za to, jak się czujesz w środku.

PRZYCIĄGAJĄC WIĘCEJ TEGO SAMEGO

Im bardziej działamy z wnętrza klatki nadużycia, tym bardziej przyciągamy do siebie kolejne incydenty nadużyć. Szok pierwotnego wydarzenia rezonuje i molekularnie działamy w tym rezonansie. Oznacza to, że przyciągamy podobnych ludzi, którzy działają z tego samego miejsca.

Kiedy postrzegamy siebie jako ofiary i czujemy, że dokonano wobec nas nadużycia, przyciąga to do nas kolejnych oprawców, aby mogli powtórzyć ten cykl.

Nie widzimy, że oprawcy zwyczajnie też są zamknięci we własnych cyklach, a my odgrywamy dla nich rolę. Zamiast tego, odbierając świat przez nasze filtry, oprawcy wydają się być nikim więcej, jak napastnikami i prześladowcami. Jeśli doświadczasz czegoś takiego, prawdopodobnie część Ciebie wierzy, że coś jest z Tobą nie tak. Jak podkreśliłam we wstępie do tej książki, wszystko jest z Tobą w należytym porządku, nawet jeśli w podobnych cyklach ciągle przyciągasz do swojego życia nadużycie. Chodzi po prostu o to, że gdy nadużycie pojawiło się już raz w Twoim życiu, nie wiesz, jak przestać je odtwarzać.

AGRESJA PRZECIWKO SOBIE

Kiedy doświadczyliśmy nadużycia, przyjmujemy rzeczywistość oprawcy, jako własną. Bez względu na to, czy nadużycie było finansowe, emocjonalne, fizyczne, domowe, duchowe czy seksualne, rzeczywistość osoby, która ją na nas narzuciła, ostatecznie staje się rzeczywistością, poprzez którą doświadczamy naszego świata.

W Access Consciousness® istnieje termin zwany „biomimetyczną mimikrą" — co oznacza po prostu, że przyjęliśmy czyjś sposób bycia w świecie tak, jakby był naszym własnym. Często doświadczamy biomimetycznej mimikry z naszym oprawcą, co może pomóc nam zrozumieć, jak czasami ofiara może stać się oprawcą. Innym sposobem myślenia o tym jest to, że nasze uwarunkowane, nawykowe reakcje stają się pełne bólu. Na przykład może to polegać na tym, że sprawca nadużycia uważał samego siebie za złego i niepoprawnego, i ta energia została nam przekazana podczas „aktu". Wtedy zaczynamy zachowywać się tak, jakbyśmy to my byli źli i niepoprawni. To utrzymuje pierwotne wydarzenie przy życiu, staje się siłą napędową PTSD i nie pozostawia miejsca aby pojawił się potraumatyczny wzrost.

Biomimetyczna mimikra przybiera wiele form i niekoniecznie oznacza, że staniemy się tacy, jak nasz oprawca. Częściej oznacza to, że przejmujemy element ich sposobu bycia w świecie i narzucamy go na siebie. Kiedy biomimetycznie naśladujemy naszych oprawców, obejmuje to działanie z tych samych ścieżek bólu, z których oni działali. Kiedy tak się dzieje, nigdy tak naprawdę nie obcujemy z własnym ja, ponieważ na pewnym poziomie podświadomie szukamy aprobaty naszych sprawców, naśladując ich.

Jako przykład, doświadczyłam biomimetycznej mimikry z moją matką. Miałam z nią burzliwą relację i długo w moim dorosłym życiu nadal funkcjonowałam z jej energetycznej rzeczywistości. Dla mnie, ukazywało się to, jako trudność w przebywaniu z samą sobą. Nigdy nie czułam się dobrze sama i zawsze chciałam aby ktoś był przy mnie. Miałam też trudność z generowaniem i tworzeniem swojego życia i „stania na własnych nogach". Spędziłam dziesiątki lat na generowaniu i tworzeniu z rzeczywistości mojej matki – nie tylko w kontekście mojego ciała i umysłu, ale także mojej kariery i finansów. Kiedy to robiłam, nie zdawałam sobie sprawy, że funkcjonuję z jej rzeczywistości.

Jedną z oznak, że możesz żyć w rzeczywistości, którą narzucił na Ciebie sprawca, jest to, że umniejszasz własną wartość. Decyzje podejmujesz w oparciu o strach, a nie ekspansję. W moim przypadku, na przykład, pozwoliłam mamie wybrać szkołę i uczelnie, do których chodziłam, zamiast wybrać je sama. Władza, po raz kolejny, była w rękach oprawcy.

Moja matka była bardzo kontrolująca, osądzająca i agresywna. Dominującym przesłaniem, którym karmiła mnie i innych wokół niej było: „Zaakceptuję

Cię tylko wtedy, kiedy zrobisz to, co mówię". Naginając się do jej woli pozwalałam, aby nadal miała nade mną władzę. Byłam tak zamknięta w przemocy fizycznej, traumie i nadużyciach, że nie potrafiłam powiedzieć „nie". Kiedy mówisz „tak" rzeczywistości kogoś innego, jednocześnie mówisz „nie" w swojej rzeczywistości. To właśnie oddziela Cię od bycia w jedności z samym sobą.

Skąd więc wiesz, czy to, co czujesz, jest Twoje, czy jest czymś, co należy do kogoś innego, co przyjąłeś, jako swoje?

DZIENNIK ĆWICZEŃ: CZYJĄ RZECZYWISTOŚCIĄ ŻYJESZ?

Czego Twoja matka i ojciec oraz inni ludzie w Twoim życiu nauczyli Cię o Tobie, Twoim ciele, Twoim życiu i Twojej rzeczywistości, w co wciąż wierzysz lub wokół czego świadomie lub nieświadomie kreujesz swoje życie?

Czy te przekonania są Twoją prawdą? Innymi słowy, czy wybierasz je teraz?

Na poziomie podstawowym, nasze przekonania w pewien sposób nam służą. W jaki więc sposób te przekonania lub zachowania utrzymują Ciebie zamkniętego w klatce i jednocześnie Ci służą?

Czy potrafisz określić, w jaki sposób służenie potrzebom innych utrzymuje Cię w życiu pełnym kompromisów?

Nasi oprawcy mogą, ale nie muszą, nadal być w naszym życiu. Mogą być żywi lub martwi. Ale kiedy oddajemy im naszą moc, zamykamy przed sobą wszelkie możliwości i żyjemy w ograniczeniach. Stajemy się teraz swoim własnym oprawcą. Gdy tylko wydarzy się to „odwrócenie", żyjesz w automatycznej rzeczywistości. Kiedy mówię o działaniu przeciwko sobie, nie mam na myśli tylko pierwotnego aktu nadużycia. Obejmuje ono wszystkie inne nadużycia, które miały miejsce w Twoim życiu, a które potraktowałeś jako swoją prawdę – wszystkie decyzje, wnioski i osądy, które inni podjęli na Twój temat, i które z kolei ty uczyniłeś swoją własną rzeczywistością – to jest esencja Twojego oprogramowania o własnej niepoprawności.

Jesteś magnesem świadomości, postrzegasz, wiesz, jesteś i otrzymujesz energię z całej planety, z całego świata, od swoich przodków, od swojego ciała, od osoby z sąsiedztwa, od szefów, od kolegów, z Twojej wspólnoty religijnej i tak dalej.

ĆWICZENIE ENERGETYCZNE: ODPUŚĆ TO, CO NIE JEST TWOJE

Zamknij oczy i połóż dłonie na grasicy i kości łonowej. Weź oddech 3 razy przez usta i powiedz: „WITAJ CIAŁO! WITAJ CIAŁO! WITAJ CIAŁO! WITAJ JA! WITAJ JA! WITAJ JA! WITAJ ZIEMIO! WITAJ ZIEMIO! WITAJ ZIEMIO!" Rozprzestrzeń swoją energię, aby dotknąć czterech rogów pokoju, w którym się znajdujesz i oddychaj. Wydychaj powietrze tak daleko, jak możesz w górę, w dół, w prawo, w lewo, do przodu i do tyłu. Weź wdech z przodu Twojego ciała, wdech z tyłu, wdech z prawej strony, wdech z lewej strony. Oddychaj od stóp do głowy. Powtórz wszystkie „Witaj" jeszcze raz. Otwórz oczy.

Zauważ, jak się czujesz, zauważ zmianę w swojej energii.

Podsumowując, dopóki nie wybierzesz życia i kreowania ze swojej rzeczywistości, wybierasz rzeczywistość innych ludzi. A kiedy idziesz na kompromis poświęcając swoją rzeczywistością na rzecz czyjejś, zabiera to bardzo dużo energii z Twojego ciała. Wysysa z Ciebie Twoją witalność. Taki właśnie jest „cel" niewidzialnej klatki — nigdy nie istniejesz jako TY.

5

ROZDZIAŁ PIĄTY: ZDROWIE I CIAŁO

„I powiedziałam łagodnie do swojego ciała: „Chcę być Twoim przyjacielem". Ono wzięło długi oddech i odpowiedziało: „Czekałem na to całe moje życie".

— NAYYIRAH WAHEED

Czy masz wrażenie, że toczysz wojnę ze swoim ciałem? Jeśli doświadczyłeś jakiegokolwiek nadużycia, często tak się dzieje. Istnieją trzy główne sposoby, w jakie możesz prowadzić wojnę ze swoim ciałem:

- Przedkładasz potrzeby innych nad własne.
- Ciągle oceniasz i osądzasz swoje ciało.
- Pomijasz sygnały i prośby swojego ciała.

W tym rozdziale przyjrzymy się, w jaki sposób nadużycie przygotowuje grunt pod wojnę z własnym ciałem, a także co możesz zrobić, aby doświadczyć większego spokoju i harmonii ze swoim fizycznym ciałem.

1. PRZEDKŁADANIE POTRZEB INNYCH LUDZI NAD WŁASNE

Kiedy dochodzi do nadużycia, stajesz się niewidzialny, podczas gdy oprawca jest najważniejszy. Twoje potrzeby stają się niewidoczne, gdy proporcjonalnie rosną potrzeby oprawcy. To tworzy wzorzec dla niewidzialnej klatki nadużycia.

Z wnętrza klatki nadużycia wierzysz, że to normalne, że potrzeby innych ludzi są ważniejsze niż Twoje własne. Z tego miejsca zagłuszasz wiele sygnałów i próśb swojego ciała, często stawiając potrzeby innych na pierwszym miejscu. Wracając do koncepcji 4D, może się okazać, że zaprzeczasz, że w ogóle masz potrzeby, lub *dysocjujesz się*, bo wierzysz, że Twoje ciało nie ma znaczenia. *Odłączasz się* od myślenia, że masz jakiekolwiek prawo aby otrzymać cokolwiek i *bronisz się* przed wszystkim, co do Ciebie przychodzi. To tworzy warstwy gęstości na Twoim ciele – ciężar, napięcie, sztywność, kontrolę, kurczenie się i tak dalej.

Z biegiem lat nawykowo czynisz potrzeby ludzi ważniejszymi niż Twoje własne. Wzorzec się nasila. *Dysocjujesz się* od swojego ciała i traktujesz je tak, jakby nie miało znaczenia, i jednocześnie czujesz się w nim uwięziony. W rezultacie *odłączasz* się dalej od własnego ciała i żyjesz w swoim umyśle. Ale umysł to tylko 10% Twojego ciała – co oznacza, że zaprzeczasz pozostałym 90% Ciebie.

2. OSĄDZANIE SWOJEGO CIAŁA

Kiedy *zaprzeczasz, dysocjujesz się, odłączasz i bronisz* przed swoim ciałem, osądzając je, zaczynasz zamykać się jeszcze głębiej w klatce nadużycia. W rezultacie Twoje ciało zaczyna puchnąć. Robi się gęste. Zaciska się. Zaczyna odczuwać różnego rodzaju bóle. Wszystko zaczyna się źle układać.

Kiedy Twoje ciało staje się sztywniejsze, Twoje myślenie również staje się takie. Zaczynasz postrzegać rzeczy czarno-białe i widzisz tylko jedno rozwiązanie. Zatracasz swoje twórcze myślenie na rzecz wniosków, konkluzji i stałych punktów widzenia.

Możesz także przybrać na wadze lub czuć się cięższy. Często, kiedy nosimy ciężar w naszych ciałach, ma to więcej wspólnego z nienawiścią do samego siebie, osądami, decyzjami i wnioskami, które wyciągnęliśmy o sobie na podstawie tego, co przydarzyło się nam w przeszłości. Nawet jeśli nie masz fizycznego problemu z nadwagą, ciężar może się uzewnętrznić na przykład jako depresja. Może to również wynikać z gęstości, jaką zatrzymujesz w swoim ciele w związku z nadużyciem.

Ciężar mogą stanowić toksyny od Twoich oprawców, które wciąż przetrzymujesz. Może również pochodzić z osądów, które przyjąłeś od innych ludzi, a także z osądów, które masz na swój temat. Czasami jest to obrona, którą stworzyłeś, aby chronić się przed innymi oprawcami. A utrzymując ten ciężar na sobie, ukrytym przesłaniem jest to, że wszyscy w Twoim życiu są Twoimi potencjalnymi oprawcami.

Osiąganie Zmiany z Przestrzeni Osądu

Kiedy patrzymy na nasze ciała i postanawiamy je zmienić, często pochodzi to z przestrzeni osądu. Uważamy siebie za złych lub niepoprawnych, ponieważ nasze ciała są takie, jakie są.

Za każdym razem, gdy dochodzisz do wniosku, że coś jest z
Tobą nie tak,
pochodzi to z osądu.

Możemy planować, aby ćwiczyć więcej lub jeść mniej, ale zwykle opiera się to na pozbawianiu się jakiejkolwiek formy przyjemności. Często, gdy doświadczyliśmy nadużycia, uciekamy się do ostrzejszych metod odchudzania i reżimowych diet. Mamy już przyswojony schemat nadużycia, który bezustannie utrwalamy i zmuszamy się do osiągania surowych i nierealistycznych celów związanych z odchudzaniem, które następnie przynoszą odwrotny skutek. Tak naprawdę nie wiemy, jak zaprzyjaźnić się z ciałem, ponieważ mamy życzliwości dla ciała. W pewnym sensie, nadal utrwalamy nadużycia, których doświadczyliśmy.

Wzorce Dysharmonii

W rozdziale trzecim omówiłam, w jaki sposób Twoje emocje mogą być harmonijne lub nieharmonijne, w zależności od tego, czy funkcjonujesz z niższych czy wyższych częstotliwości harmonicznych. Pamiętaj, wzorce dysharmonii tworzą choroby, odłączenie i obronę przed (spodziewanym) atakiem.

Zjawisko umysł/ciało jest bardzo namacalne. Tłuszcz i toksyny zgromadzone w Twoim ciele są w rzeczywistości odbiciem osądów, decyzji i konkluzji, które poczyniłeś. Niestety wielu z nas, jako swoją prawdę wybiera ciężar toksyn i osądów, zamiast wybrać lekkość i ekspansję wyższych częstotliwościach harmonicznych. Ale decydując się na utrzymywanie ciężaru, tak naprawdę zatrzymujesz te osądy i konkluzje, jako swoją żywą rzeczywistość – zamykając się coraz głębiej w klatce. Kiedy postrzegamy nasze ciała, jako coś innego niż dar, doświadczamy głębokiego braku spokoju.

3. POMIJANIE SYGNAŁÓW I PRÓŚB TWOJEGO CIAŁA

Innym sposobem, w jaki utrwalamy nadużycie, jest ignorowanie tego, o co prosi nas nasze ciało. Nasze ciała mają wrodzoną mądrość, która została zepchnięta na dalszy plan przez podejście do ciała powszechnie panujące w XXI wieku. Nadużycie dodatkowo zagraża mądrości ciała. Zaprzeczenie, odłączenie i dysocjacja oddzielają nas od wielu sygnałów i próśb naszego ciała. Zbyt często ta wrodzona mądrość zostaje znieczulona przez jedzenie, alkohol lub narkotyki. Zajadanie emocji jest bardzo mylące dla umysłu/ciała. Ignorowanie wrodzonej mądrości ciała oddala nas jeszcze bardziej od nas samych. Społeczną normą stało się ignorowanie ciała, zamiast słuchania jego potrzeb.

Jakiś czas temu miałam takie doświadczenie. Postanowiłam wybrać się do jednej z moich ulubionych bezglutenowych, indyjskich restauracji. Byłam tam wcześniej i zawsze mi się podobało. Jednak, tym razem kiedy tam jechałam, moje ciało zaczęło mi mówić: „Nie, to nie jest teraz dla Ciebie dobre".

Pomyślałam, że po prostu mi przejdzie kiedy tam dotrę, ale kiedy zaczęłam jeść, nie smakowało mi. Mimo tego jadłam dalej. Jedzenie nie przyswajało się i czułam to w ciele. Przez całą noc czułam się niekomfortowo, ale nie chodziło tylko o jedzenie, lecz o moje myśli i ciało, będące w stanie wojny ze sobą. Nie posłuchałam mojego ciała, mimo iż dawało mi bardzo wyraźne sygnały.

DZIENNIK ĆWICZEŃ: CZY ODŻYWIASZ SIĘ ŚWIADOMIE?

Jak wiele razy zdarzyło Ci się nie słuchać sygnałów swojego ciała i jeść, gdy nie byłeś głodny, albo gdy byłeś smutny lub zły? Ile razy jadłeś mimo tego, że Twoje ciało mówiło „nie" kiedy wyszedłeś na kolację lub uczestniczyłeś w imprezie towarzyskiej?

Obserwuj, kiedy jesteś głodny. Zadaj sobie pytanie: Czy jestem głodny czy zdenerwowany/smutny? Czy chce mi się pić, czy raczej potrzebuję przyjaciela, przytulenia, spaceru? Zacznij zauważać, co tak naprawdę Twoje ciało chce ci powiedzieć.

UZDROWIENIE CIAŁA Z NADUŻYCIA

Większość ludzi – łącznie z tradycyjnymi terapeutami – nie rozumie, że jeśli chcesz uzdrowić nadużycie, musisz zacząć od swojego ciała. Nie spotkałam jeszcze nikogo z takim podejściem. Niestety, często jest to ostatnie miejsce, do którego chcesz się udać. Kluczową rzeczą z jakiej musimy zdać sobie sprawę to, że nadużycie oddziela umysłu od ciała, a uzdrowienie nadużycia buduje na nowo połączenie ciała i umysłu. Dosłownie musisz nauczyć się, jak rozpakować traumę zamkniętą w ciele. Ważne jest by nauczyć się rozwiązywać fizyczną dysharmonię, aby móc być w jedności ze swoim ciałem.

Kiedy jesteś ze sobą w jedności, jesteś w jedności ze wszystkim — z wszystkimi cząsteczkami w świecie. Jeśli jesteś oddzielony od swojego ciała, jesteś oddzielony od wszystkiego.

Pierwszym krokiem jest przeciwdziałanie, aby nadużycie, którego doświadczyłeś w przeszłości, miało nad Tobą władzę. Często w tej książce podkreślam przesłanie, że jedną z najcenniejszych rzeczy w Tobie jest Twoja zdolność dokonywania wyborów. Twoim pierwszym krokiem jest podjęcie decyzji, by nie pozwalać już, aby potrzeby innych ludzi były ważniejsze od Twoich własnych, by osądzać swoje ciało lub ignorować jego prośby.

Skończyć z Osądem

Niezbędne jest zauważanie, jak przeszłe nadużycie odbijają się na Twoim ciele. Zamiast postrzegać siebie jako grubego, brzydkiego, złego lub niepoprawnego, możesz zacząć dostrzegać, że te osądy pochodzą od kogoś innego lub z jakiegoś innego czasu, i zacząć tworzyć swoje ciało z miejsca prawdziwości i pełni.

Zamiast usiłować zmieniać nasze ciała poprzez osąd i karę, możemy dokonywać wyborów w oparciu o nowy paradygmat „rozwiązywania". Oznacza to, że dokonujemy wyboru postrzegania siebie i naszego ciała z innego poziomu świadomości, opartego na życzliwości, pielęgnowaniu i trosce, zamiast na obwinianiu, wstydzie, żalu i karaniu samego siebie.

W miarę jak uwalniamy się od osądzania naszego ciała, coraz bardziej zaczynamy dostrzegać związek między ciężarem, jaki dźwigamy na naszych ciałach, a ciężarem problemu nadużycia.

Przestajesz osądzać swoje ciało, kiedy przestajesz odrzucać i wyrzucać siebie z wszelkich możliwości. Twoje zdrowie, Twoje ciało (wraz z pieniędzmi, bogactwem i relacjami, które omówimy w następnych rozdziałach) są oparte na odrzucaniu i wyrzucaniu się z wszelkich możliwości.

Co byłoby potrzebne, aby kreować radość możliwości ze
swoim ciałem poprzez
akceptację i objęcie siebie jako możliwość?

Twoje ciało to system odczuwania przyjemności. Jednak do tej pory, prawdopodobnie całkowicie wyparłeś doświadczanie przyjemności, wypaczyłeś i przekręciłeś lub ograniczyłeś przyjemność, na którą sobie pozwalasz, do natychmiastowych gratyfikacji, takich jak czekolada lub inne chwilowe odloty. Jednak Twoje ciało zostało zaprojektowane do odczuwania przyjemności, błogości, rozkoszy i szczęścia.

DZIENNIK ĆWICZEŃ: ZMIEŃ SPOSÓB ODŻYWIANIA

Zamiast zwykłej rutyny najnowszego planu diete-tycznego lub mody, która skłania Cię do osądzania swojego ciała, co możesz zrobić, aby podnieść poziom przyjemności jaką masz w swoim ciele, tak aby nie skupiać się już na tym, co jest z nim nie tak? Nie zadawaj sobie pytania jak możesz schudnąć lub zmienić swoje ciało. Zadaj sobie pytanie, jak możesz uwolnić wzorce osądu, które zatrzymane są w ciele.

Zapisz 10 osądów, które masz na temat swojego ciała. Każdego dnia w następnym tygodniu, dla każdego wypisanego osądu, wybierz inne działanie w miejsce osądu.

Słuchanie Swojego Ciała i Ustalanie Swoich Priorytetowych Potrzeb

W nowym paradygmacie „rozwiązywania", nie zmuszasz już swojego ciała do zmiany. Postanawiasz zakończyć wojnę ze swoim ciałem bez względu na to, czego potrzebujesz, aby dokonać tej zmiany. Musisz chcieć podjąć to postanowienie. Musisz mieć gotowość do bycia widocznym i pozwolić, aby Twoje potrzeby były najważniejsze. Pamiętaj, że jeśli doświadczyłeś nadużycia, potrzeby wszystkich innych stały się bardziej widoczne niż Twoje. Musisz podjąć decyzję, aby uwidocznić to, czego Ty potrzebujesz. Wszechświat pokaże Ci, że Cię wspiera. Ale musisz być gotowy na bycie wsparciem dla samego siebie.

Nauka komunikowania ze swoim ciałem i zadawania mu pytań, czego potrzebuje, może wykreować ogromną zmianę. Nawet częste zadawanie pytania: „Witaj ciało, czego teraz potrzebujesz?" pozwala Ci uznać, że masz ciało i zakończyć wzorce dysocjacji.

Jeśli przez jakiś czas byłeś odłączony od swojego ciała, na początku możesz nie rozumieć, co ono mówi. Kiedy coś pojawia się w Twoim ciele, możesz zadać sobie pytania, takie jak: „Gdyby moje ciało (lub ta część mojego ciała: nazwij to) mogło mówić, co by powiedziało? Co chcesz mi powiedzieć? Czy to dotyczy chwili obecnej, czy przyszłości? (W odniesieniu do ostatniego pytania, czasami Twoje ciało pokazuje

i coś, co prosi o uzdrowienie podczas głębszej sesji uzdrawiania, a co nie byłoby odpowiednie do zrobienia, w momencie, gdy się pojawiło).

DZIENNIK ĆWICZEŃ: RUSZ SIĘ, RUSZ SIĘ, RUSZ SIĘ

Czasami możesz obudzić się z uczuciem ciężkości lub gęstości w swoim ciele, nie znając przyczyny tego stanu. Zamiast akceptować ten stan, zapytaj, co możesz zrobić, aby z niego wyjść. Wejdź na bieżnię. Wyjdź na zewnątrz i poruszaj swoim ciałem. Postukaj w coś, klaszcz w dłonie, tańcz lub śpiewaj. Rozruszaj swoje ciało przez 30 sekund i zobacz co się zmieni. Zwiększ do minuty lub dwóch.

Opcjonalnie możesz też ustawić minutnik na 15 minut i pisać następującą frazę:

Jedna rzecz, której moje ciało nie chce, żebym wiedział, to _______________ (dokończ zdanie). Rób to przez 15 minut, a następnie porwij kartkę i kontynuuj swój dzień.

Pamiętaj, że nadużycie to nie tylko wydarzenie — to doświadczenie dla całego ciała. Żadną częścią siebie nie uciekniesz przed odczuwaniem, ale warto wiedzieć, że momentalnie możesz zmienić pojawiające się uczucia.

Działaj w oparciu o uszanowanie każdej informacji, jaką wysyła Ci Twoje ciało.

Na początku zajęć jakie prowadzę mówię ludziom, aby wyobrazili sobie, jak kładą swoje głowy na hamaku przy plaży i dają szansę swoim ciałom na uznanie tego, co wiedzą. Dla wielu ludzi głowa stała się miejscem, z którego kierują swoim życiem, a my chcemy włączyć w to mądrość i świadomość, jaką posiada ciało. Ciało wie wszystko. Właśnie nauczyłeś się mu nie ufać. Powtarzaj stale: „Witaj ciało, witaj ciało, witaj ciało". Jest w tym zawarta pewna wrażliwość. Możesz wejść i rozszerzyć tę przestrzeń wrażliwości, co pozwoli Ci otrzymać o wiele więcej.

Nasze ciała są elastyczne i genialne oraz mają niesamowite zdolności – kiedy widzimy wspaniałość tego, czym mogą być nasze ciała, możemy działać z ich potężnej i dynamicznej siły.

DZIENNIK ĆWICZEŃ: NOWY DZIEŃ

Zachowuj się przez jeden dzień tak, jakby Twoje ciało miało rację we wszystkim. Bez względu na to, jaką świadomość Ci daje, po prostu udawaj przez ten jeden dzień, że zobowiązujesz się do działania zgodnie z tym, co mówi ciało. Jaką przyszłość by to stworzyło?

Podsumowując, prawdopodobnie przyzwyczaiłeś się do osądzania swojego ciała, ignorowania jego sygnałów i próśb oraz przedkładania potrzeb innych nad swoje. Częścią uzdrawiania nadużycia jest włączenie całego ciała i powrót do kontaktu z jego inteligencją. Ciało wie o wiele więcej, niż Ci się wydaje, a kiedy wyjmiesz swoją głowę z tego równania i nauczysz się słuchać swojego ciała, doświadczysz większej obecności i wspanialszej relacji z samym sobą i ziemią.

ROZDZIAŁ SZÓSTY: ZWIĄZKI I SEKSUALNOŚĆ

Jeśli doświadczyłeś nadużycia, na jakimkolwiek poziomie, istnieje duże prawdopodobieństwo, że seks i związki nie przychodzą Ci tak łatwo. Prostym faktem jest to, że potrzebujesz swojego ciała, aby nawiązać jakikolwiek związek, a jak omówiliśmy w poprzednim rozdziale, ciało jest miejscem, w którym przechowywane jest wiele kwestii związanych z nadużyciem.

Jeśli chodzi o nadużycia, istnieje wiele sposobów, w jakie możemy doświadczać seksu i związków. W tym rozdziale skupimy się na dwóch kluczowych:

- Wymyślasz rzeczy, które, jak sądzisz, zdarzają się w Twoim związku, a które nie są prawdziwe.
- Opuszczasz swoje ciało podczas seksu.

. . .

Jeśli przestaniesz tkwić w swojej głowie i wymyślać swój związek oraz nauczysz się być obecnym w ciele w czasie seksu, doświadczysz połączenia i intymności na zupełnie nowym poziomie.

WYMYŚLANIE SWOJEGO ZWIĄZKU

Związki mogą stanowić słodkie zespolenie, ale mogą też być pełne konfliktów, traumy, dramatów i bólu. Większość z nas miała małą przystawkę z harmonii i pełen talerz konfliktów. Czy Twoje związki są radosne i przyjemne? A może dławiące i duszące? Czy doświadczasz harmonii, czy rozdzielenia?

Duża część problemów, które mamy w związkach, wynika z „kreowania ich". Wymysły to kłamstwa, które sobie wmawiasz, rzeczy, które wymyślasz i historie o tym, co się dzieje, które w rzeczywistości nie są prawdziwe. Tutaj skupiamy się głównie na tym, jak to robisz w swoim głównym związku, ale wymyślanie historii może pojawiać się również w innych obszarach twojego życia.

Tworzymy odpowiedzi, reakcje i komunikację w oparciu o wymysły, jakie mamy na temat związku. Powstrzymują nas one przed doświadczaniem prawdziwej intymności, której tak bardzo pragniemy. Dlaczego ten wzorzec jest tak powszechny w przypadku nadużycia? Powracamy, jak zawsze, do niewidzialnej klatki.

Kiedy jesteś zamknięty w klatce, prowadzisz rozmowę ze sobą.

Wymyślasz konwersację ze sobą w oparciu o swoje wzorce i doświadczenia, a następnie projektujesz swoje konkluzje na partnera, bliskich, dzieci i tak dalej.

Okrutnym żartem jest to, że nigdy nie mówisz partnerowi lub bliskim, co tak naprawdę dzieje się w Twoim umyśle. Zamiast tego wypaczasz i przekręcasz to, co w istocie dzieje się z powodu swoich projekcji, w wyniku czego związek zostaje wypaczony i pokręcony. Zamiast być z osobą, którą kochasz, inni stają się osobami, które chcesz zabić! Uzewnętrzniasz swój gniew pochodzący ze stłumionego głosu w Tobie, a Twój partner w ogóle nie wie, co się tak naprawdę dzieje.

Te „wymysły" są jak bezwonny gaz, przenikający niezauważalnie do związku. Prawdopodobnie, nawet nie wiesz, że są to Twoje wymysły, ponieważ nawet na nie nie patrzysz i nie zadajesz pytań na ich temat. Jedno pytanie, które mógłbyś zadać, zanim zareagujesz, brzmi: „Czy to rzeczywiście prawda, czy jest to mój wymysł?" Ale zapewne do tej pory nie zadawałeś sobie takiego pytania. Po prostu zakładasz, że to prawda, wierzysz, że to prawda, działasz zgodnie z tym i tworzysz z tego. Kiedy to robisz, zamykasz się coraz głębiej w klatce, jednocześnie blokując swojego partnera poza klatką.

Ponieważ nigdy tak naprawdę nie mówiłeś swojemu partnerowi, co się z Tobą dzieje, w rezultacie on nigdy nie pytał Ciebie, ani nie poruszał tego tematu. Może powiedział coś w stylu: „Jesteś szalona" lub „Ciągle to robisz" lub „Może potrzebujesz zwrócić się po pomoc". Ale Twój partner nie wie, jak zapytać o to, co się z Tobą dzieje. Nie masz z tym połączenia, więc partner też nie ma jak być w kontakcie z Tobą.

Oznaki, że wymyślasz swoje relacje

Pierwszym krokiem, aby wyjść z przestrzeni wymysłów i wkroczyć w przestrzeń prawdziwego połączenia jest zobaczenie wymysłów, których używasz w związku, zamiast opierać go na nieprawdziwych historiach. Te wymysły oddzielają Cię od doświadczania prawdziwej intymności, której pragniesz.

Skąd więc wiesz, że wymyślasz swój związek? Istnieją cztery oznaki, które pozwolą Ci dostrzec wymysły:

1. Twoje potrzeby nie mają znaczenia, związkiem rządzi zaspokajanie potrzeb partnera.

2. Czujesz się zależny od swojego partnera, a jednocześnie masz do niego urazę.

3. Zawarłeś niewypowiedziane i nieświadome umowy, typu: „Jeśli będziesz się o mnie troszczyć, chronić mnie i zabezpieczać finansowo, ja zatroszczę się o Ciebie. Przygotuję posiłki. Zajmę się tobą. Zrobię to, czego pragniesz."

4. Nie rozpoznajesz już tego, kim jesteś. Stworzyłeś sobie osobowość lub rolę. Uważasz, że to jest właśnie tym, kim musisz być, aby być kochanym. Najprawdopodobniej nigdy nie zapytałeś, czy naprawdę potrzebujesz odgrywać tę osobowość/rolę.

Twoje Wymysły Są Oparte na Przeszłości

Wymysły, które odtwarzasz w swoich związkach odtwarzasz na podstawie starych wzorców nadużyć, których doświadczyłeś. Często są to wzorce tego, czego nauczyłeś się w innych związkach lub zaobserwowanego modelu związku i zwykle jest to postawa wypełniona projekcjami, separacjami, oczekiwaniami, odrzuceniami, urazami i żalem. Więc zamiast wychodzić poza swoją przeszłość i tworzyć nową formę intymności, zamykasz się w klatce nadużycia, odtwarzasz swoją przeszłość i zamykasz się jeszcze bardziej w tych kłamstwach i wymysłach. Często nie dostrzegasz tego, co jest tuż przed Tobą, ani piękna człowieka, który zdecydował się dzielić z Tobą swoje życie.

Powtarzasz dynamikę z dzieciństwa ze swoim partnerem, tym samym tworząc „prawdy" na temat drugiej osoby, które w rzeczywistości są wymysłami. Staje się to sposobem, w jaki odnosisz się do nich i komunikujesz się z nimi – wszystko to opiera się na wymysłach. Te wymysły osłabiają Twoją siłę, nawet jeśli tworzysz je na temat innej osoby. Tworzy to dynamikę pretensji i urazy, która jest tak naprawdę tylko szaloną konwersacją, którą prowadzisz sam ze sobą z wnętrza klatki.

Kiedy nie widzisz drugiej osoby przed sobą i wierzysz w kłamstwa, projekcje, oczekiwania, urazy itd., tak naprawdę tworzysz swoje relacje w oparciu o te filtry. W rzeczywistości tworzysz związek oparty na kłamstwie. To jest właśnie to, co większość świata nazywa „związkiem".

To nie tylko nadużycie w stosunku do własnej osoby – to także nadużycie na Twoim partnerze. Wtedy związek staje się wojną między dwojgiem ludzi. Ponieważ wszystkie te podświadome przekonania, wokół których stworzyłeś swoją relację były oparte na ograniczeniach, nieświadomym podejmowaniu decyzji i Twojej własnej rozmowie z samym sobą.

Warto pamiętać, że jeśli to robisz, prawdopodobnie taki model obserwowałeś u swoich rodziców lub opiekunów. Mój ojciec często wyjeżdżał i pamiętam, że kiedy wracał do domu, moi rodzice byli szczęśliwi, że się widzą. Ale miałam też świadomość, że mama była na niego wkurzona, bo mało był w domu i nie pomagał jej przy trójce dzieci. Energetycznie wiedziałem też, że on nie chciał być w domu więcej. Nie mówił tego, ale ja to czułam. Obserwowałam tę dynamikę i wyczuwałam różnicę między tym, jak się zachowywali, a tym, co było niedopowiedziane. Ich udawane próby odegrania przed dziećmi uczucia wcale mnie nie przekonywały. Wiedziałam, że to kłamstwo. Odgrywali te role pomiędzy sobą i dla dobra dzieci. Nie rozmawiali w naszej obecności o zasadniczych kwestiach, ale te kwestie i tak ujawniły się w ich działaniach. Na przykład, moja matka rzucała talerzem o stół, kiedy stawiała na nim obiad dla ojca, a on odpowiadał na to „niewidzialnym" wyrazem nienawiści. Pokazywali to swoim zachowaniem, bez używania słów. Są to nieświadome wymysły, które odgrywamy w związkach, co powoduje, że związek staje się wojną, konfliktem i dramatem — zamiast przynosić radość i harmonię.

Nowy Model Relacji

Relacje są po to, aby przynosić obopólne korzyści Tobie i Twojemu partnerowi, umożliwiać wam rozwój, dawać obustronną wsparcie i przynosić radość.

Nie żyję w utopijnym ideale wiary, że nigdy nie będzie konfliktów w związku. Wierzę jednak, że możemy zmienić wszystko i cokolwiek, łącznie z tym, jak zachowujemy się w związkach.

Jeśli opierasz swój związek na wymyślaniu problemów, wprowadzanie zmian może stać się bardzo dużym wyzwaniem. Kiedy żyjesz w „krainie wymysłów", to nawet nie rozmawiasz o tym, co jest prawdą. Zamiast tego kłócisz się o sprawy, które nawet nie są prawdziwe.

Jeśli kiedykolwiek doświadczyłeś kłótni w związku i powiedziałeś coś w stylu: „Nawet nie wiem, o co się kłócimy", to będziesz wiedział, co mam na myśli. Czasami potrafimy rozpoznać, kiedy jest to wymysł, i wielka siła leży w powstrzymaniu potoku słów i powiedzeniu: „To był całkowicie mój wymysł. Przepraszam. Chodziło o XYZ, to nie ma to z Tobą nic wspólnego".

Większość z nas nie rozpoznaje jednak, kiedy wymyślamy, ponieważ często wydaje się to tak realne, zwłaszcza, gdy towarzyszą nam emocje. Wyzwaniem jest zauważyć, że emocje wyzwoliły się *w oparciu o nasze doświadczenia z przeszłości*, a kiedy pojawia się, nasze wymysły wydają się być dużo bardziej realne.

Kiedy funkcjonujesz bardziej z poziomu świadomości, a mniej ze swoich wzorców i schematów, otwierasz się na dokonywanie innych wyborów. Jesteś w stanie zadać sobie pytanie:

- Kim zamierzam być z wyboru?
- Czy chcę być kłamstwem lub osobą uwięzioną w klatce nadużycia?
- Czy chcę stać z determinacją i uporem świadomości i tworzyć harmonię?

Masz wybór, aby stworzyć nowe możliwości i zarazem doświadczyć większej ekspansji na wszystkie sposoby, które się z tym wiążą – społecznie, seksualnie, finansowo, fizycznie, emocjonalnie, psychicznie, psychologicznie i duchowo.

DZIENNIK ĆWICZEŃ: PRZEKONANIA W ZWIĄZKACH

Zapisz każde przekonanie na temat związków, które czai się z tyłu Twojej głowy i zadaj sobie pytanie: „Czy to rzeczywiście prawda?" Postępuj tak z każdą myślą, uczuciem i tym, co postrzegasz na temat związków.

Jedną z technik, których używam z Access Conscio-usness®, jest narzędzie „lekko czy ciężko" wykorzystywane do określenia, czy coś jest prawdą, czy fałszem. Zadaj sobie pytanie: „Czy to prawda?" Jeśli czujesz to, jako lekkie, oznacza to, że jest to prawda. Jeśli wydaje Ci się to ciężkie, oznacza to, że musisz zadać więcej pytań i prawdopodobnie wkupiłeś się w wymyślone kłamstwo.

Jeśli jesteś w związku, po wykonaniu tego ćwiczenia porozmawiaj ze swoim partnerem. Porozmawiaj z nimi (jeśli lepiej jest rozpocząć rozmowę z osobą trzecią, sugeruję skorzystanie z pomocy doradcy w celu mediacji niektórych z tych potencjalnie trudniejszych części**). Otwórz drzwi klatki na więcej harmonii. Podziel się tym, w co wierzysz, co dostrzegasz i czego jesteś świadomy, aby oni pomogli Ci zobaczyć prawdę znajdującą się poza Twoimi własnymi filtrami. Kiedy to zrobisz, otwórz się i pamiętaj, że to czym się dzielisz jest zbudowane na kłamstwie opartym na programowaniu i doświadczeniach z przeszłości. Chcesz otworzyć nowy poziom świadomej komunikacji w Twoim związku, wykraczający poza to, w co oboje zostaliście zaprogramowani, aby wierzyć, że jest prawdą. Prawdziwa harmonia poza osądem pomoże Wam otworzyć Twoją klatkę jeszcze bardziej.

**Ta ocena Twojego związku ma na celu to, abyś nie żył już dłużej w klatce przemocy. Być może korzystniej będzie, jeśli najpierw porozmawiasz z kimś sam, a dopiero potem otworzysz drzwi do potencjalnych rozmów ze swoim partnerem, które mogą być większym wyzwaniem.

SEKS I ZWIĄZEK

Całe mnóstwo wyzwań może pojawić się w sferze seksualności, zwłaszcza jeśli nadużycie, którego doświadczyłeś, miało charakter seksualny. Jeśli zostałeś wykorzystany, jedną z głównych rzeczy, które mogą się dziać, jest to, że „ulatniasz się" podczas seksu. W rozdziale drugim rozmawialiśmy o odłączeniu. Kiedy ulatniasz się podczas aktu seksualnego — powracasz do swojego bezpiecznego miejsca lub wycofujesz się w głąb klatki — co często jest aktywowane przez seks.

Czy ulatniasz się podczas seksu?

Wyobraź sobie taki scenariusz i zobacz, czy jest to Tobie znane:

Leżysz na plecach w otwartej pozycji. Powinno to być radosne, zabawne i przyjemne, ale wydarza się coś, co powoduje w Tobie aktywację. To może być spojrzenie Twojego partnera lub coś, co mówi lub robi, co przypomina Ci o pierwotnym nadużyciu. Natychmiast Twój umysł kieruje się do przeszłych wydarzeń, których doświadczyłeś, wspomnień, reakcji walki lub ucieczki, i tak dalej. Zaczynasz wstrzymywać oddech. Bezpieczniej jest opuścić swoje ciało, więc robisz to, pozostawiając przy życiu przeszłe nadużycie i ponownie odgrywając schemat. Dysocjujesz i oddzielasz się od siebie dlatego, że jesteś w bardzo podobnej sytuacji do tej, w której byłeś wykorzystany, ale nie mówisz partnerowi o tym, co się z Tobą dzieje. Pozostajesz w tym, zachowujesz pozory i tym samym utrwalasz kraty w klatce. Najprawdopodobniej nie doświadczasz żadnej przyjemności. Jeśli doświadczasz przyjemności, prawdopodobnie nie jest to głęboko satysfakcjonujące. Stwarzasz pozory lub udajesz, że było fajnie. Kiedy tak się dzieje, możesz zadawać sobie jedno lub wszystkie z tych pytań:

- Co się dzieje?
- Co jest ze mną nie tak?
- Czy kiedykolwiek będę czerpać radość z
  seksu?

Poniżej podzielę się moją perspektywą na wszystkie trzy z tych pytań.

Co Się Dzieje?

Co właściwie dzieje się w klatce nadużycia, kiedy pojawia się taki zapalnik? Zasadniczo nie odczuwasz przyjemności z seksu i nie jesteś w stanie jej poczuć, ponieważ Ty i Twoje potrzeby stały się niewidoczne.

Przeżywasz każdy osąd, który stworzyłeś w czasie nadużycia.

Przestałeś istnieć. Twoje potrzeby były wtedy ograniczeniami. Twoje potrzeby nie miały znaczenia. Ty nie miałeś znaczenia.

Więc podczas seksu nie wyrażasz swoich potrzeb, a potrzeby Twojego partnera stają się ważniejsze. Ale jak seks może być zabawny i przyjemny, jeśli Cię w nim w ogóle nie ma?

Co Jest Ze Mną Nie Tak?

Wszystko jest z Tobą w porządku. Wiem, zwłaszcza jeśli chodzi o nadużycie, mogłeś słyszeć to już wcześniej na wiele innych, intelektualnych sposobów,. Ale to doświadczenie ulatniania się podczas seksu nie jest czymś wstydliwym. Sama ulatniałam się wiele razy i to samo robiły tysiące moich klientów. A obecnie doświadczam naprawdę przyjemnych, totalnie i orgazmicznie żywych doświadczeń seksualnych. Oznacza to, że Ty też możesz tak mieć.

Jeśli jednak ulatnianie się uważasz za swoją niepoprawność, zamykasz się w klatce. Tak więc, pierwszym krokiem jest zrobienie sobie przerwy, kiedy aktywuje się automatyczna reakcja. Nic nie jest z Tobą nie tak, jeśli znikasz podczas seksu. Musisz po prostu uznać tę rzecz, która powoduje, że znikasz, odłączasz się lub oddzielasz. Będzie to coś, co mówi lub robi Twój partner, sposób, w jaki Cię dotknął, coś wywołuje skojarzenie nadużyciem. Pierwszą więc rzeczą, jaką możesz zrobić, to przyznać się do tego i porozmawiać o tym. Ale większość z nas trzyma usta zamknięte na kłódkę, a nasze ciała są oziębłe i zamrożone – energetycznie jesteśmy odseparowani. Kiedy uznasz, co się dzieje, możesz stworzyć nową historię w teraźniejszości — nie tylko ze sobą i swoim ciałem — ale również z osobą tuż przed tobą (lub na tobie lub obok ciebie!).

Czy Kiedykolwiek Będę Cieszyć Się Seksem?

Możesz na nowo zacząć cieszyć się seksem, jeśli jesteś gotowy na pozwolenie, aby Twoje potrzeby miały znaczenie. To wymaga od Ciebie, abyś wybrał siebie. Wymaga również, abyś przestał być niewidzialny. To z kolei wymaga zaprzestania wewnętrznej wojny osądów o tobie jaką toczysz sam ze sobą. W ostatnim rozdziale dowiesz się więcej o ponownym połączeniu się z

Twoimi ośrodkami przyjemności i zabawie jaką możesz mieć, żyjąc we własnym ciele. Jest to harmonia na wszystkich poziomach doświadczania ciała i nie dotyczy wyłącznie seksu.

Jak Rozpoznać, że Opuszczasz Swoje Ciało Podczas Seksu?

Jeśli mentalnie lub emocjonalnie opuszczasz swoje ciało lub partnera w trakcie aktu seksualnego, wtedy to, co mogłeś odczuwać jako przyjemne, nagle staje się ciężkie, ściśnięte i gęste. To pierwsza oznaka, że stało się coś, co było zapalnikiem i wycofałeś się do niewidzialnej klatki. Możesz zauważyć, że osądzasz siebie i masz myśli typu: „Bądź obecny. To twój partner. Nic nie czujesz. On zaraz zauważy, że jesteś nieobecny."

Alternatywnie, twój osąd na temat pewnej części Twojego ciała może aktywować to, że wchodzisz do klatki. Twój partner zaczyna dotykać części Twojego ciała, z którą nie czujesz się komfortowo, np. bioder, i zaczynasz wewnętrzny dialog z samym sobą. „Jak on może mnie tam dotykać. Czuję się taka gruba i nieatrakcyjna", a teraz czujesz się ociężale z tym, że ktoś cię pragnie i pożąda. Gdy wycofujesz się w głąb własnej głowy, zaczynasz się oddzielać. I zanim się zorientujesz, po prostu wykonujesz pewne ruchy i nie jesteś już obecny.

Jak Być Bardziej Obecnym Podczas Seksu

Czy kiedykolwiek byłeś obecny podczas seksu? Jeśli tak, być może zauważyłeś, że wtedy jest to znacznie przyjemniejsze doświadczenie. A jeśli nie, to możesz dokonać wyboru, aby wytrenować swoje ciało i siebie tak, aby to umożliwić.

Pierwszą rzeczą, którą musisz zrobić, to uznać energię, która nie pozwala Ci być w pełni obecnym w trakcie aktu seksualnego. To jest jak przebudzenie się po lunatykowaniu. Możesz zmienić tę martwą energię poprzez uznanie, zakwestionowanie, objęcie i ucieleśnienie tego. To jest trochę jak surfowanie na falach oceanu. Czy kiedykolwiek próbowałeś walczyć z falami na oceanie? Fala wygrała. Ty przegrywasz. Jeśli jednak surfujesz, wchodząc i schodząc z fal, masz tyle radości i możesz jeździć na falach do samego brzegu.

Zamiast próbować się naprawiać, nazywać siebie problemem,
lub mieć problem, który należy rozwiązać, lub osądzać siebie z tego powodu,
co jeśli zaczniesz uznawać swoje ciało za obecność, którą jest?
Co jeśli uznasz swoje ciało właśnie teraz, w tym momencie?
Połóż dłoń na grasicy (centrum serca), a drugą na kości łonowej.

Oddychaj!
Powiedz: „Witaj Ciało! Witaj Ciało! Witaj Ciało!"
Oddychaj!

Pamiętaj, robimy rzeczy tylko dlatego, że czerpiemy z tego korzyść. Problem polega na tym, że korzyść powstała w czasie, miejscu, sytuacji i zazwyczaj w wieku, który był na długo przed dzisiejszym dniem. Zasadniczo, decyzja jest przestarzała, a zachowanie z nią związane nadal działa.

Aby wyjść poza starą przestrzeń bycia nieobecnym w ciele, zacznij patrzeć na potrzeby swojego ciała, traktuj je jako możliwość, a nie ograniczenie. Ograniczeniem byłoby oddzielenie się od siebie i pozostanie w tym stanie, nie robiąc nic, aby nadużycie przestało oddziaływać na Twoje życie. Możliwością, jest w tym przypadku uznanie, co się właściwie dzieje. Sprawdź w jaki sposób to oddziałuje na Twoje ciało i zobacz, jak ono sobie z tym radzi. Czy odczuwasz gęstość, ciężar i ściśnięcie, czy lekkość, ekspansję i swobodę? A może odczuwasz wszystko po trochu? Następnie, zadaj sobie pytanie: czego potrzebuje moje ciało, aby zmienić ten wzorzec?

DZIENNIK ĆWICZEŃ: ŚWIADOMOŚĆ SEKSUALNA

Zadaj sobie następujące pytania:

Jaką czerpię korzyść z opuszczania własnego ciała podczas seksu?

Jakie korzyści mi to przyniosło?

Czy to zapewniło mi poczucie bezpieczeństwa lub chroni mnie?

Czy na jakimś poziomie dało mi to kontrolę?

Jeśli mógłbym o coś poprosić w tych chwilach, co by to było? Prawdopodobnie nigdy nie odważyłeś się zatrzymać kogoś podczas seksu, albo może zawsze to robisz. Tak czy inaczej, czy chciałbyś coś tutaj zmienić? A jeśli tak, to co?

Przebudzenie

Rozpoczynając rozmowę o tym, czy opuszczasz swoje ciało podczas seksu, w rzeczywistości zapraszam Cię do przebudzenia się. To oznacza przebudzenie się, aby być sobą. Przebudzenie się obejmuje przyjrzenie się temu, co wybierasz na pewnym poziomie – świadomie lub nieświadomie – aby sprawdzić, czy to działa w Twoim przypadku. Rozpoczynając dialog z samym sobą na temat seksu, zaczniesz rozumieć, jak bardzo jesteś obecny.

Potrzeba odwagi, aby być obecnym i popatrzeć na to, co dzieje się w Twoim związku w sferze seksualnej, ponieważ prawdopodobnie będzie to oznaczać, że wszystko się może zmienić.

Czy jesteś bardziej zainteresowany tym, aby rzeczy pozostały takie jakie są, czy bardziej interesuje Cię bycie szczerym wobec siebie?

Dokonanie wyboru do bycia obecnym podczas seksu pozwoli Ci żyć bardziej świadomie i autentycznie na wielu poziomach. Kiedy decydujesz się na bycie połączonym (obecnym) w seksie, pozwalasz, aby akt seksualny był odżywiający i honorujący, zamiast odłączony i bezcielesny. W ten sposób kończysz cykl nadużycia. To wybór tego, co jest najbardziej życzliwe dla Twojego ciała, Twojej seksualności i Twojego istnienia. I jest to jeden z kluczy do życia pełnią życia.

Jedną z rzeczy, o których zawsze mówię ludziom, kiedy z nimi pracuję, jest powiązanie siebie z czasem i miejscem: „Ok, to mój mąż, to mój partner, jest godzina 14.00 w sobotę. To jest osoba, którą kocham, to jest osoba, z którą wybrałam, aby być w związku".

Następnie zapytaj swojego ciała bezpośrednio: „Ciało, co się dzieje z Tobą?"

Kiedy sprawdzasz jak się czujesz w swoim ciele i zaczynasz się w nie wsłuchiwać, jest to jeden ze sposobów na wyjście poza martwicę do pełni życia, wydostanie się spod władzy autopilota i przejście w zaangażowanie, wyjście poza cierpienie do radości. Kiedy oddzielasz się od swojego męża lub partnera, to tak naprawdę oddzielasz się od otrzymywania. To jest wzorzec — sposób bycia, który oddziela Cię od wszystkich poziomów otrzymywania, czy to finansowego, emocjonalnego, fizycznego czy seksualnego.

Podsumowując, dwa najczęstsze problemy osób które doświadczyły nadużycia, jakie napotykają w związku, to wymyślanie problemów i opuszczanie swojego ciała podczas seksu. Te kwestie nie dotyczą wyłącznie nadużycia, ale zdecydowanie występują u wielu osób, które padły ofiarą przemocy. Poszerzanie swojej samoświadomości wokół tego, że wymyślamy problemy i stawanie się bardziej połączonym z ciałem, kiedy je opuściliśmy, to dwa sposoby na rozwiązanie tych problemów i bycie bardziej obecnymi w związku.

W następnym rozdziale pogłębimy trzeci aspekt, w jaki nadużycie wpływa na nasze życie, a jest to obszar kariery i pieniędzy.

ROZDZIAŁ SIÓDMY: PIENIĄDZE I KARIERA

Czy kiedykolwiek zauważyłeś, że nadużycia odzwierciedlają się również w Twoich pieniądzach, karierze i finansach? Może to być mniej oczywiste niż w aspekcie ciała i związków, ale nadal odgrywa istotną rolę. Często sposób, w jaki określamy swoją wartość oraz poziom otrzymywania, na jaki sobie pozwalamy są bezpośrednio powiązane z doświadczonym nadużyciem. Pozostajemy w pracy dla szefa lub kogoś, kto jest nieżyczliwy. Idziemy na kompromis w sprawie naszych marzeń i przy okazji podważamy swoją własną wartość. To wszystko są formy przemocy skierowane w nas samych. Kiedy mamy na myśli nadużycia, zwykle myślimy o przemocy fizycznej i wykorzystywaniu seksualnym. Ale nie tylko Ci, którzy doświadczyli takich nadużyć, często mają burzliwą relację z pieniędzmi. Pieniądze to również jeden ze sposobów, w jaki wykorzystujemy siebie nawzajem w związku.

W tym rozdziale skupimy się na tym, jak mogłeś zablokować przepływ pieniędzy w swoim życiu z powodu programowania i uwarunkowań. Przyjrzymy się również, w jaki sposób możesz pozwalać innym na wykorzystywanie Ciebie pod względem finansowym.

Nadużycia wokół Pieniędzy

Przemoc finansowa jest nieco trudniejsza do zdiagnozowania. Często nie zdajemy sobie sprawy z przekonań lub punktów widzenia, które mamy w związku z pieniędzmi, lub tajemnicy i wstydu, które nosimy, a które kładą się cieniem na sposób w jaki wchodzimy w interakcję z pieniędzmi.

Ten cień wokół pieniędzy jest zawsze obecny, czai się w tle. Nie wiesz, czym on jest – po prostu czujesz, ze coś jest „nie tak" lub „źle". Nie jesteś naprawdę pewien, ponieważ nie wygląda to na przemoc, przynajmniej nie w taki sposób, jak odbierana jest przemoc fizyczna lub seksualna.

Twoje Programy Finansowe

Nie ma chyba większej manipulacji niż kontrola i manipulacja pieniędzmi w miejscu pracy, w rodzinach, w kościołach, w sektach i religiach. To wszystko stanowi formę indoktrynacji. Jest to sposób na utrzymanie istnień pełnych życia, którymi naprawdę jesteśmy, w ograniczeniu, skrępowaniu i zamknięciu w określony sposób. W ten sposób jesteśmy kontrolowani i uczeni tego, aby pozostać małymi.

Od chwili narodzin nieświadomie podchwytujemy wszelkiego rodzaju idee związane z pieniędzmi. Mówi się nam: „Pieniądze są źródłem wszelkiego zła" lub „Nie myśl, że jesteś taki wspaniały". Często jesteśmy zaprogramowani, aby nie wykraczać poza poziom zarobków naszej rodziny. Wiele z programowania kulturowego wmawia nam, że przeciętność jest dobrą rzeczą, czymś, do czego powinniśmy dążyć. A potem rozgrywamy nasze życie zgodnie z tymi nieświadomymi programami, a głębsza część w nas wie, że musi być coś więcej niż to, na co się zgodziliśmy.

W jednej z moich audycji radiowych współprowadziłam program ze światowej sławy mentorem biznesu, Simone Milasas. Zapytałam Simone jakie są największe blokady, które widziała u ludzi, których szkoliła, w nawiązaniu bardziej radosnej relacji biznesowej. Podkreśliła, że u większości ludzi źródłem blokad była ich niezdolność do odpuszczenia swojej historii związanej z pieniędzmi.

Opowiedziała o tym, jak jej przyjaciel doświadczył subtelnej formy nadużycia związanego z pieniędzmi.

Jego rodzice ciągle się kłócili, mówiąc: „Nie możemy tego zrobić, ponieważ mamy dziecko" lub „Nie mamy teraz pieniędzy, ponieważ mamy dziecko". Był jedynakiem. Dorastał myśląc: „Moi rodzice nie mają pieniędzy, ponieważ ja się pojawiłem" i „Muszę zrekompensować im szkody, które wyrządziłem przez to, że się urodziłem".

W tym czasie nadal mieszkał z rodzicami. Pracował i starał się ich wspierać, zamiast budować swoje własne życie. To przesłanie, jakie podstępnie wpojono mu w dzieciństwie, a on po dziś dzień decyduje się żyć tą historią.

Tego rodzaju wzorce, stają się formą biomimetycznej mimikry. Jeśli pamiętasz z rozdziału czwartego, dzieje się to właśnie wtedy, gdy powtarzamy to, czego nas nauczono. Kontynuujemy wobec siebie przemoc finansową powtarzając uwarunkowane programowanie z wczesnego dzieciństwa. Jesteśmy uczeni powielania modelu rzeczywistości finansowej czyjegoś bólu, decyzji, osądów, ścieżek. Robimy to, nawet nie zdając sobie z tego sprawy, a co skutecznie zmniejsza naszą zdolność do wybierania własnej rzeczywistości finansowej.

Znęcanie się Nad Sobą Poprzez Nie Proszenie o Pieniądze

Nie tylko wzorce z przeszłości zmieniają się w nasze nadużycia związane z pieniędzmi. Może się również okazać, że znęcamy się nad sobą, nie prosząc o pieniądze. Jednym ze sposobów, w jaki to robimy, jest udawanie, że pieniądze nie są tak ważne lub że możemy się bez nich obejść. W innych okolicznościach nie domagamy się wynagrodzenia nas zgodnie z naszą wartością. Prosimy o niewielką kwotę pieniędzy, zamiast prosić o tyle, ile jesteśmy warci.

> *Wszechświat ma tak wiele do zaoferowania, a my nawet o to nie prosimy.*
>
> — *SIMONE MILASAS*

Istnieje duża różnica między tym, czego potrzebujesz do życia, a tym, co jest potrzebne, aby mieć życie pełne możliwości. Ponownie, opiera się to na Twojej przeszłości. Być może zostałeś skarcony za proszenie o to, czego chciałeś, lub nauczono Cię umniejszać siebie. Pytanie brzmi,

- *Czy nadal funkcjonujesz z tego jak zostałeś za to skarcony?*

- *Czy nadal umniejszasz się i prosisz o mniej z powodu czegoś, czego ktoś Cię nauczył?*
- *Co by było, gdybyś zamiast tego faktycznie pozwolił sobie poprosić o pieniądze, i nie tylko o tyle, aby wystarczyło na opłacenie rachunków?*

W naszym wywiadzie Simone powiedziała: „Myślę, że mamy o wiele większą wartość niż tylko na płacenie rachunków. To Ty jesteś tym, co ma wartość, a nie rachunki. Co by było, gdybyś zaczął doceniać i cenić siebie? Jakby to wyglądało?"

DZIENNIK ĆWICZEŃ: ŚWIADOMOŚĆ PIENIĘDZY

Kto Ci powiedział, że nie możesz „prosić o więcej?"

Kogo w rezultacie naśladujesz?

Ile stresu jest w Twoim życiu z powodu pieniędzy?

Czy widzisz, że jest to forma samoograniczenia i nadużycia?

W mojej książce *Kłamstwa o pieniądzach* i na warsztatach dotyczących pieniędzy, zadaję te trzy pytania:

- Kim jesteś?
- Czym jesteś?
- W jakie kłamstwo się wkupujesz?

Odkryłam, że kwestia pieniędzy jest generalnie kwestią „otrzymywania". W zależności od tego, co oznacza dla Ciebie otrzymywanie, możesz przenieść te pomysły na pieniądze (i inne formy otrzymywania). Na przykład, idziesz po kawę. Zmagasz się z finansami i czujesz wokół wszystkiego brak i zaciśnięcie, co powoduje, że spinasz się z pieniędzmi. Kiedy płacisz za kawę, zamiast zostawić napiwek w wysokości 5 zł, co zwykle robisz, decydujesz się nie dawać napiwku, ponieważ martwisz się o pieniądze. Jest to okazja na Potraumatyczny Wzrost i zapytanie samego siebie: „Kim jestem?" (np. moją matką), „Czym jestem?" (np. skąpcem) i „W jakie kłamstwo się wkupuję? (np. Jestem w trudnej sytuacji, więc nie mogę dać napiwku). Kiedy już rozpoznasz, że to kłamstwo, odzyskujesz wolność i możesz dać napiwek i przerwać ten cykl.

STRES I DYSKOMFORT WOKÓŁ PIENIĘDZY

Jeśli zadłużenie na karcie kredytowej i sposób, w jaki używasz pieniędzy, wywołuje u Ciebie stres, uświadom sobie to i obejmij. Większość ludzi nie chce patrzeć na swoje problemy z pieniędzmi ani na swoje konta bankowe. Nie chcą wiedzieć, ile muszą wygenerować i wytworzyć każdego miesiąca. Chcą się po prostu kręcić w karuzeli dla chomika. Zamykają się w przekonaniu, że „Jeśli tylko zarobię tyle, wszystko będzie w porządku". Aby jednak coś się zmieniło, musisz poczuć się *niekomfortowo* i spojrzeć na każdy aspekt. Jeśli zdasz sobie sprawę ze wszystkiego, co dotyczy pieniędzy, będziesz mógł pozwolić sobie na generowanie i tworzenie daleko poza obecny poziom komfortu.

Pieniądze istnieją od dawna. Nawet kiedy wymienialiśmy jajka na świnie, jak to miało miejsce w systemie handlu wymiennego, wciąż była to forma pieniędzy. Stworzyłeś wokół tego wiele stałych punktów widzenia, więc bądź dla siebie życzliwy. Ale też siebie nie nadużywaj. Bądź gotów, aby zmiana nastąpiła, a jeśli nie nadejdzie z dnia na dzień, nie osądzaj ani nie łajaj się za to.

— SIMONE MILASAS

PYTANIA: JAK ROZMAWIASZ O PIENIĄDZACH?

Co się dzieje, gdy rozmawiasz o proszeniu o więcej pieniędzy? Czy masz ochotę je otrzymać?

Czy odczuwasz tę rozmowę jako lekką czy ciężką w Twoim ciele?

Co dzieje się z Twoją energią, kiedy mówisz, że mnie na to nie stać? Czy Twoje ciało czuje się lekko czy ciężko?

Co tworzysz wokół pieniędzy za pomocą słów i języka, którego używasz?

W rzeczywistości chodzi o wybór, aby się przebudzić i przestać nadużywać siebie na wszystkich poziomach, włącznie z finansowym. Ludzie często mówią mi: „Nie jest tak łatwo przestać nadużywać siebie". Właściwie to jest łatwe. To proste, jeśli pamiętasz, że wszystko jest wyborem i zdecydujesz się przebudzić się z tego, co robisz. Możesz dokonać wyboru, aby to zmienić i zauważyć to, co się dzieje wewnątrz Ciebie i w tym samym momencie, zatrzymać się, aby zadać sobie następujące pytania:

- Czy to jest lekkie?
- Czy dobrze się z tym czuję?
- Czy to mnie niszczy lub dręczy?
- Czy to jest dla mnie odżywcze?
- Czy to kreuje przyszłość, której pragnę?

INTYMNOŚĆ Z PIENIĘDZMI

Jak blisko jesteś ze swoimi pieniędzmi? Innymi słowy, ile wiesz o pieniądzach, a udajesz, że nie wiesz lub zaprzeczasz, że wiesz? Kiedy pozwalamy sobie wiedzieć to, co naprawdę wiemy o pieniądzach, zamiast działać na podstawie tego, czego nas nauczono, możemy otworzyć niesamowity przepływ obfitości w naszym życiu. Jednak, tkwiąc w klatce nadużycia jesteś zamknięty w sztywnych punktach widzenia, ograniczeniach i przekonaniach, takich jak: „Mam skazę, jestem wadliwy lub istnieje limit tego, co mogę otrzymać". Te wyuczone idee i systemy przekonań zamieniają pieniądze w coś, co ma nad tobą super władzę i czemu pozwalasz na dewaluację i degradację siebie.

Ważne jest, aby zdawać sobie sprawę z tego, że nasza świadomość jest ogromnym zbiornikiem zmagazynowanej energii i informacji od zarania dziejów. Już od czasów rzymskich całe kultury, rodziny i jednostki mogą utrzymywać ograniczające przekonania na temat pieniędzy i otrzymywania. Czy znasz historię swoich przodków i poglądy na temat pieniędzy? Nasza świadomość może nosić dewaluację i degradację tych wczesnych systemów. Zrozumienie tego może sprawić, że zaczniesz kwestionować, czy to, w co wierzysz, jest rzeczywiście Twoje.

„Brudne" Pieniądze

Nasz związek z pieniędzmi często prowadzi do prostytuowania się. Nie mam na myśli sprzedawania naszych ciał za seks. Mówię o wykonywaniu pracy, której nie chcemy wykonywać w zamian za pieniądze. Wiele osób wykonuje pracę lub rozwija karierę, która im nie odpowiada lub którą wybrali rodzice, ponieważ przynosi lepsze pieniądze niż bycie „przymierającym głodem artystą". Pytanie brzmi, czy twoja praca cię satysfakcjonuje? A może, czujesz się wyczerpany pod koniec dnia?

Mamy również punkt widzenia na to, skąd przychodzą pieniądze i jakie rodzaje pieniędzy przyjmiemy lub nie przyjmiemy w naszym życiu. Może to powodować codzienne odpychanie pieniędzy.

Zakurzone pieniądze, brudne pieniądze, złe pieniądze, dobre pieniądze, czyste pieniądze, wszystko się kręci wokół idei, że ubrudzisz się od pieniędzy. Oceniamy samych siebie za pewne rzeczy na podstawie tego, co można robić za pieniądze, a czego nie.

— *KASS THOMAS*

DZIENNIK ĆWICZEŃ: AFIRMACJA PIENIĘDZY

Wszędzie, gdzie dzisiaj „nie zaprosiłem" pieniędzy, odwołuję to i otrzymuję je teraz! Dziękuję! Jestem wdzięczny i spełniony!

Wszędzie, gdzie dziś „nie zaprosiłem" otrzymywania, odwołuję to i otrzymuję je teraz! Dziękuję! Jestem wdzięczny i spełniony!

Wszędzie tam, gdzie „nie zaprosiłem" dziś bycia sobą, odwołuję to i przyjmuję to teraz! Dziękuję! Jestem wdzięczny i spełniony!

Wszystko to przyczynia się do cienia, jaki mamy wokół pieniędzy, który trzyma nas w zamknięciu w niewidzialnej klatce. Kiedy nie pozwalamy, aby pieniądze były walutą i przepływały płynnie w naszym życiu, mamy tendencję do popadania w zachowania 4D – zaprzeczanie, obronę, dysocjację, odłączenie – i to tworzy naszą „rzeczywistość finansową".

Podsumowując, istnieje wiele subtelnych i wyraźnych sposobów, w jaki stosujemy przemoc wobec siebie w kwestii pieniędzy. Nakładamy ograniczenia na to, w co wierzymy, że możemy otrzymać, opierając się na naszych doświadczeniach i programowaniu. Czasami dewaluujemy siebie, ponieważ dewaluowano nas w sytuacji nadużycia. Aby stworzyć intymność z pieniędzmi, musimy uznać, co należy do nas i to, w co się wkupujemy, a co należy do innych ludzi. Uświadamiamy sobie, że to, co uważaliśmy za prawdę o pieniądzach, jest w rzeczywistości kłamstwem, w które wierzyliśmy - i przez cały czas tworzyliśmy dokładne przeciwieństwo tego, czego naprawdę pragniemy. Ponieważ pieniądze są często obszarem, w którym odcinamy naszą świadomość, możemy wiele zyskać, eksplorując relację z nimi. Wtedy możemy dokonać innego wyboru.

CZĘŚĆ TRZECIA: UCIECZKA Z KLATKI — SPEŁNIONE I SZCZĘŚLIWE ŻYCIE PONAD NADUŻYCIEM

ROZDZIAŁ ÓSMY: ZAPRZYJAŹNIJ SIĘ Z KLATKĄ NADUŻYCIA

Zaprzyjaźnij się z Klatką Nadużycia

Kiedy mówię o zaprzyjaźnieniu się z klatką nadużycia w pierwszej kolejności, mam na myśli połączenie się ze sobą z miejsca ponad szaleństwem, które stworzyło klatkę. Zaprzyjaźnienie się z klatką nadużycia oznacza połączenie się z wolnością, radością i możliwościami, które istnieją niezależnie od klatki. Nie musisz niczego odzyskiwać, aby wyjść z klatki — i tutaj moje podejście kompletnie różni się od tego, czego być może doświadczyłeś wcześniej. Zamiast tego nauczysz się jak wybierać z przestrzeni ponad tym, co się wydarzyło.

Możesz nauczyć się dokonywać innych wyborów ponad powtarzaniem nadużycia. Odkryjesz, jak żyć bez powracania do wydarzeń z przeszłości (bez względu na to, czy był to pojedynczy akt, czy seria wydarzeń), aby przestały one kierować całym Twoim życiem. Ja postanawiam, że nie pozwolę, aby nadużycia, których doświadczyłam, zdefiniowały mnie. To ciągły proces, w którym aktywnie wybieram, jak pojawiać się w każdej chwili i znacznie różni się to od klasycznego modelu terapii. Stoi to w wyraźnym kontraście z podejściem, że coś jest w nas zepsute i wymaga naprawy, a kiedy już zostanie naprawione, wszystko będzie znowu dobrze. Mając trzy lata, podczas straszliwego aktu przemocy i gwałtu, doświadczyłam jak moja świadomość opuściła ciało i jak obserwuję to zdarzenie dotykające moje małe, słodkie ciałko. Pamiętam, że zdecydowałam wtedy, że bez względu na to, co „oni" zrobili z moim ciałem, nigdy nie dostaną MNIE i nigdy nie będą w stanie odebrać mi wyboru bycia SOBĄ. W tej chwili nadal masz wybór – tak jak ja wtedy – nawet jeśli zmagasz się z bólem lub negatywnym uczuciem. Istota, którą jesteś, nigdy, przenigdy nie może zostać zniszczona. Możesz czuć się zbezczeszczony, ale tak naprawdę nigdy nie możesz być zniszczony.

Jedno wiem: każdy z nas ma swoją historię.

Na swojej ścieżce każdy z nas zbiera odciski, siniaki i jeszcze gorsze rzeczy.

Wierzę również, że bez względu na to, jakie znosimy upokorzenia, nadużycia, traumy lub niepowodzenia, nie da się nas zniszczyć. Szczęście jest dla każdego.

— *JEWEL*

To, co odkryłam, wspierając tysiące ludzi na całym świecie w przezwyciężaniu nadużyć, których doświadczyli, to fakt, że nie wydostajemy się z klatki przez szybkie, doraźne rozwiązanie. Najpierw musimy zwiększyć naszą świadomość – nazwać klatkę – tak jak robimy to teraz. Często słyszę „Och, dokładnie tak. Nadajemy słowa uczuciu, które było odczuwane, ale nigdy nie zostało uznane i zwykle pozostawało nienazwane. Często mówię, że to tak, jakby przez cały czas w pokoju załatwiał się słoń a wszyscy cichutko go obchodzili. Teraz przestajemy to ignorować. Śmierdzi i sobie z tym poradzimy.

W dalszej części tej książki będziemy zagłębiać się w naszą świadomość niewidzialnej klatki. Podzielę się również z Tobą narzędziami i procesami, które nie tylko poszerzą Twoją świadomość, ale także pomogą wybierać Ci poza klatką.

ŚWIADOMOŚĆ

Jak już przeczytałeś w tej książce, jednym z głównych narzędzi, które sugeruję, abyś używał do życia poza klatką, jest świadomość. Oznacza to bycie świadomym tego, kiedy operujesz z wnętrza klatki i zauważenie, jak tylko klatka zostaje aktywowana. Jeden z uczestników mojej audycji radiowej zapytał mnie: „Jaka jest różnica między byciem świadomym a byciem czujnym?" To bardzo ważne pytanie.

Zapewne dobrze wiesz jak to jest być czujnym. Kiedy jesteś czujny, działasz w stanie nadmiernej gotowości *z wnętrza klatki.* To jest stan, w którym czekasz, aż ktoś Cię naciągnie lub wykorzysta. To jak życie w stanie najwyższej gotowości, kiedy nieustannie włączony jest alarm do bycia w pogotowiu.

Świadomość jest inna. Kiedy jesteś świadomy, jesteś połączony z uniwersalną i nieskończoną świadomością. Nie dostosowujesz się i nie zgadzasz z niczym – niczemu się nie opierasz i nie odrzucasz. Innymi słowy, masz przywiązania do swoich punktów widzenia ani nie potrzebujesz ich bronić. Po prostu je zauważasz. Stajesz się obserwatorem lub świadkiem, i decydujesz się działać w najlepszy dla siebie sposób.

DZIENNIK ĆWICZEŃ: LEKKO I CIĘŻKO

Aby dokonywać świadomych wyborów, możesz zacząć określać, co jest dla Ciebie lekkie, a co ciężkie. To, co czujesz, jako lekkie, jest tym, czego pragniesz lub co jest dla Ciebie prawdziwe, a to, co wydaje się ciężkie, jest tym, co nie działa dla Ciebie lub jest dla Ciebie kłamstwem.*

Pomyśl o czymś, czego chciałeś, a co teraz masz. Jak się czułeś, kiedy to otrzymałeś?

Teraz pomyśl o sytuacji, którą chciałbyś zmienić. Kiedy przywołujesz ją na myśl, jakie uczucie pojawia się w woim ciele?

Zrób inwentaryzację osób i czynności w swoim życiu i zauważ, jak się czujesz, gdy o nich myślisz.

*Na podstawie Access Consciousness®

Prawdopodobnie znasz zakamarki klatki znacznie lepiej niż wolność i możliwości.

- Co by było, gdybyś wybrał świadomość w każdym momencie?
- Jak inny byłby Twój świat?
- Co jeśli zamiast znieczulania się lub bycia nieobecnym, zdecydujesz się być naprawdę świadomy tego, co się dzieje?

- Czym jest dla Ciebie wolność?
- Skąd będziesz wiedzieć, że jesteś wolny?

Jest jeszcze jeden ważny składnik – kiedy zwiększasz swoją świadomość i rozpoznajesz klatkę, rób to z miejsca bez oceniania. Pamiętaj o tym, że ograniczenia i brak, z których powstała klatka, były realne w momencie kiedy powstała. Od tamtej pory nadal w to wierzysz, ponieważ była to wówczas jedyna rzecz, którą mogłeś zrobić. Teraz odkrywasz, że masz wybór i możesz wybrać i stworzyć swoje życie z tej nowej świadomości.

DZIENNIK ĆWICZEŃ: POZNAJ SWOJĄ KLATKĘ

Zauważ momenty, kiedy jesteś w klatce i nie gubisz się w jej formie lub strukturze, zadaj sobie wtedy następujące pytania, nie „szukając" odpowiedzi. Po prostu bądź otwarty na ich otrzymanie.

Czy jest to jest dla mnie odżywcze?

Co jest wymagane, aby to zmienić?

Czym mogę być, robić, mieć, generować lub tworzyć dzisiaj, co się od razu zmieni?

Następnie wejdź w dialog z klatką: „Wiem, że próbujesz mnie ochronić. Zrobiłaś najlepszą rzecz, jaką mogłaś wówczas zrobić. Jesteś moim sprzymierzeńcem i próbujesz mi pomóc."

Zadaj sobie pytanie: „Czy to sprawia mi frajdę? Czym mogę być, robić, mieć, generować lub tworzyć, co *byłoby* dla mnie frajdą?" A potem, po prostu ZRÓB TO! Wybór i wolność staną się wówczas Twoją rzeczywistością.

Pamiętaj, że jest to ciągły proces, a nie jednorazowe ćwiczenie. Prawdopodobnie, będziesz musiał powtórzyć je kilka razy. To, czego potrzebujesz w tej chwili, aby żyć poza klatką, może być czymś zupełnie innym w kolejnych momentach. Kiedy zaczniesz ją „rozbrajać" będą pojawiały się różne jej aspekty. Kluczem jest zarówno zwrócenie uwagi na to, kiedy jesteś w klatce, a następnie dokonanie innego wyboru, który pozwoli Ci wyjść i żyć poza nią.

BYCIE, POSTRZEGANIE I WIEDZENIE

W mojej audycji radiowej miałam kilku rozmówców, którzy pytali mnie, jak „wywalczyć sobie wyjście" z klatki nadużycia. Przekonanie, że musisz wywalczyć sobie wyjście z klatki, jest generowane przez energię pierwszego doświadczenia, do którego wciąż się dostrajasz. Nikt nie wydostanie się z klatki nadużycia poprzez walkę. To jedynie spotęguję te same uczucia. Zamiast tego chodzi o bycie, widzenie i postrzeganie czegoś innego. Istotne jest, abyś wyszedł poza systemy wierzeń, które zostały Ci narzucone i nigdy tak naprawdę nie należały do Ciebie. Tak, być może nieświadomie przejąłeś je i uznałeś jako swoje, ale dopóki ich nie wybierzesz, tak naprawdę nie są Twoje. Kiedy próbujesz walką wyrwać się z klatki, działasz z tej samej destrukcyjnej energii, z której klatka została stworzona. Działając w taki sposób, nie stajesz się swoim przyjacielem.

Słyszałam również, jak klienci mówią: „Wygląda na to, że nie mogę dokopać się do sedna klatki". Chcę tu wyjaśnić, że chociaż używamy metafory klatki i możesz wizualizować ją jako coś trójwymiarowego, klatka nie ma dna. Postrzeganie tego jako czegoś, gdzie musisz „dotrzeć do sedna", jest konkluzją, która sprawia, że jesteś wciąż w niej zamknięty. Jeśli umieścisz wokół klatki formę, strukturę i znaczenie, będziesz tworzyć jej coraz więcej. Jeśli postrzegasz to w ten sposób, działasz zgodnie ze starym paradygmatem, że musisz coś naprawić lub dotrzeć do sedna czegoś, aby uzdrowić siebie.

Nawet jeśli poczujesz smutek, kiedy zaczniesz wychodzić poza klatkę, jeśli zachowasz świadomość, prawdopodobnie odkryjesz, że pod Twoim smutkiem jest radość. Możesz płakać, ale łzy, które uwalniasz rozpuszczają pręty klatki wokół Ciebie. Wybór tworzy wolność, o której zawsze wiedziałeś, że istnieje - tworzysz to w każdym momencie.

Podsumowując, nazwaliśmy to, co prawdopodobnie po cichu trzymało Cię w uwięzieniu przez lata, a nawet dekady. Jest prawdopodobne, że cała Twoja percepcja zacznie się zmieniać, gdy zaczniesz zauważać wzorce i programy, które wcześniej zakładałeś, że są „Tobą", a teraz zdajesz sobie sprawę, że są w rzeczywistości produktem klatki. W dalszej części książki będziemy nadal zgłębiać temat niewidzialnej klatki, a także wiele sposobów na wyjście poza nią.

ROZDZIAŁ DZIEWIĄTY: PRZEŁOMOWA ROZMOWA O NADZIEI

Jeśli żyłeś z nadużyciem, możesz być przyzwyczajony do życia pozbawionego nadziei. Moim pragnieniem jest przekazanie rewolucyjnego przesłania o nadziei wszystkim, którzy doświadczyli nadużycia, aby mogli wyjść poza to, czego doświadczyli. W mojej pracy odkryłam, że jest na świecie wielu ludzi, którzy w głębi duszy pragną nowej konwersacji o możliwościach.

Wzywam do totalnej zmiany sposobu, w jaki świat widzi, postrzega i doświadcza nadużycia. Nie lekceważę tej roli. Naprawdę wierzę, że ilość nadużyć fizycznych, emocjonalnych i seksualnych, których osobiście doświadczyłam w tym życiu, stała się dla mnie bramą do wyeliminowania przemocy.

Tak więc, w tym rozdziale, chciałabym rozpocząć tę rewolucyjną rozmowę o nadziei, która poprowadzi do zupełnie nowego paradygmatu przekształcania nadużycia, zarówno wewnątrz Ciebie, jak i na całym świecie.

Ponad Wszystkim

Z biegiem czasu opracowałam wiele programów do tego celu, w tym „Live Your ROAR" czyli „Żyj swoim LWIM RYKIEM" — swoją „**R**adically **O**rgasmically **A**live **R**eality", czyli „Totalnie Żywą Orgazmiczną Rzeczywistością". Kluczową koncepcją jest tutaj idea „ponad wszystkim". Mam na myśli to, że możemy wyjść ponad wszelkie parametry tego, co zostało wcześniej zdefiniowane.

Przyjrzyjmy się niektórym przykazaniom towarzyszącym „Żyj swoim LWIM RYKIEM" – i temu, co właściwie oznacza „ponad wszystkim" według postawy „z chwili na chwilę":

- Uznaj istnienie klatki, w której żyłeś, a która do tej pory trzymała Cię w niekończącej się historii nadużyć, niemożliwościach i ograniczeniach
- Uznaj, że masz zdolności stworzenia nowej rzeczywistości i możliwość wyboru porzucenia

struktur i kłamstw, które do tej pory trzymały Cię w klatce

- Miej gotowość dokonania przełomowej zmiany w swoim życiu, aby żyć pełnią życia poza klatką nadużycia
- Podejmuj decyzje, które są dla Ciebie lekkie i słuszne (nawet jeśli inni Cię za to osądzają)
- Twórz dla siebie życie bez ograniczeń, pełne możliwości i przyjemności
- Bądź całkowicie obecny, przebudzony i świadomy w swoim życiu
- Wybieraj siebie w każdej chwili i twórz swoje życie w oparciu o to, co jest dla Ciebie radosne i odżywcze

Ta praca wymaga głębokiego zaangażowania we własną osobę, pewnego rodzaju zaciekłości, jeśli wolisz, w najbardziej pozytywnym znaczeniu tego słowa. Wydobywa bowiem z Ciebie Twoją najpotężniejszą obecność.

„Ponad wszystkim" oznacza wybieranie siebie bez względu na to, kto odejdzie, co umrze, co się zakończy, z jakiego związku wyjdziesz, jaki biznes lub kariera się dla Ciebie otwiera i kto lub co Ciebie odpuści.

Kiedy wejdziesz w ten proces odkrywania i odzyskiwania siebie, życie jakie znasz zmieni się. Dla jednej z moich klientek życie „ponad wszystkim" oznaczało podjęcie decyzji w jej karierze, które poprowadziły ją od 20 000 dolarów rocznie, kiedy zaczynałyśmy razem pracować, do 244 000 dolarów rocznie w ciągu kilku lat. Według niej proces był wymagający, ale rezultaty jakie się pojawiały nie pozwalały jej się zatrzymać i motywowały ją do dalszej pracy.

Moja praca zabiera mnie po całym świecie, ale niezależnie od tego, czy jestem w domu, czy w podróży, zawsze pracuję nad własną świadomością, korzystając ze wszystkich dostępnych mi narzędzi. Kiedy prowadzę innych przez rozwój osobisty oraz transformację zawodową, jednocześnie robię to samo dla siebie. Chciałabym powiedzieć, że to wszystko przyszło mi z łatwością w 100% przypadków, ale tak naprawdę nie byłaby to prawda. Było to przepełnione sporym bólem fizycznym i starymi traumami, które płonęły w moim własnym ciele. Zrozumiałam, że w moim życiu sięgałam ponad wszystko, po co kiedykolwiek sięgnęłam i ponad moje własne punkty odniesienia. I chociaż może to być niekomfortowe i intensywne, jest to wybór, aby uznać wszelkie bariery, intensywności i bóle, które się pojawiają. To wybór, aby uwolnić się od ograniczeń, przez które definiujemy siebie i nasze życie. Zawsze mamy wybór:

- Czy ponad wszystko wybieram lekkość i radość?
- Czy wybieram dla siebie energię, przestrzeń i świadomość nowych możliwości?
- Czy wybieram ponad ciężarem i bólem, cierpieniem, traumą, dramatem i walką?
- Co jest dla mnie ekspansywne i pełne radości?
- Co jest dla mnie ciężkie i złowieszcze?
- Jaką mam korzyść z odczuwania ciężaru i wrogości?

Twoje ciało posiada zdolność mówienia Ci tego wszystkiego, ale jeśli nie przywykłeś być w kontakcie z nim, na początku może Ci się to wydawać nieznane i obce. Im częściej będziesz praktykować tego rodzaju świadomość, tym łatwiejsze i bardziej komfortowe się to stanie.

DZIENNIK ĆWICZEŃ: NOWE WYBORY

Jaki jest jeden wybór, którego możesz dokonać w tej chwili, a od którego wstrzymujesz się, a mógłby zapewnić Ci lekkość i radość? Jak wyglądałaby dla Ciebie ta nowa możliwość?

STUDIUM PRZYPADKU – CLIVE

Clive uczestniczył w moich jednodniowych warsztatach „Radically Alive Beyond Abuse" w Australii. Miał 60 lat i nigdy nie mówił o wykorzystywaniu seksualnym, którego doświadczył. Jako młody nastolatek, przez 10 lat był gwałcony przez swojego dziadka i zmuszany do odbywania stosunków analnych, co trzymał w sekrecie. Zanim wziął udział w moich warsztatach w Australii rozmawiał o tym tylko z jedną osobą. Nigdy nie korzystał z żadnej terapii.

W czasie warsztatu, kiedy prowadziłam Clive'a, cała sesja trwała około 45 minut i odbywała się w obecności całej grupy. Na początku dnia powiedział: „Nie jestem do końca pewien, dlaczego tutaj jestem. Nie jestem pewien, co dadzą mi te zajęcia, ale wiedziałem, że muszę wziąć w nich udział." Jak tylko to powiedział wiedziałam, że jeśli pozwoli mi przeprowadzić się przez sesję, zmiana będzie natychmiastowa.

To było jedno z tych doświadczeń, w których po prostu wymienialiśmy się pytaniami i odpowiedziami, tam i z powrotem, jak w meczu ping-ponga. To było tak, jakby coś w nim mówiło: „Proszę, zabierz to z mojego ciała. Pozwól mi o tym mówić. Już dłużej tego nie zniosę."

Poprzez zadawanie pytań, odpowiadanie, używanie narzędzi i technik oraz moją edukację i wyszkolenie z zakresu traumy i przemocy, byłam w stanie wprowadzić Clive'a w przestrzeń bycia w sobie, której nie da się opisać słowami. Pod koniec sesji, wyglądał jak piękny, niewinny, młody chłopak, który właśnie porzucił eony i całe wcielenia pełne bólu, traumy, ciężkości i wagi z tych 10 lat, kiedy był gwałcony. Kiedy wspominam tę sesję, pamiętam jej piękno, a nie ból. W mniej niż 45 minut zostało uwolnione to, co ktoś nosił w swoim ciele przez dziesięciolecia.

Kiedy jesteśmy otwarci na odpuszczenie, za pomocą odpowiednich narzędzi i właściwego poprowadzenia, możemy dokonać ogromnej zmiany w krótkim czasie. Z drugiej strony, brak nadziei zamyka Cię w klatce nadużycia. Clive pojawił się na tych warsztatach, nic o nich nie wiedząc, ale wiedział, że chce wyjść ponad nadużycia, i tą sesją .sobie olbrzymi prezent. Powiedział mi później, że teraz doświadcza wolności i przestrzeni ponad wszystko, co kiedykolwiek sobie wyobrażał.

OTRZYMYWANIE

Życie ponad nadużyciami oznacza pozwolenie sobie na więcej, i wiele osób pyta mnie o to, jak to zrobić. Oto moja odpowiedź: To jak jazda na rowerze lub chodzenie na siłownię. To mięsień, który po prostu trzeba dalej ćwiczyć. Na początku możesz potrzebować wprawienia się, aby stało się to Twoim nawykiem. Jest kilka rzeczy, które teraz otrzymuję naprawdę dobrze, ale musiałam się tego nauczyć, praktykując otrzymywanie.

W oczach kogoś, kto doświadczył nadużycia idea otrzymywania staje się wypaczona. W moim własnym przypadku to, co uważałam za otrzymywanie, było tak naprawdę tym, że ktoś mnie osądzał lub mówił, żebym „spie@dalała". To, co uważałam za otrzymywanie to, że ktoś uwłaczał mi do tego stopnia, że nazywał mnie głupią lub używał innych poniżających przezwisk, którymi przezywała mnie moja rodzina. To, co uważałam za otrzymywanie, to gwałcenie, napastowanie seksualnie lub obrzucie wyzwiskami za bycie grubą. To właśnie oznaczało dla mnie otrzymywanie. I przez długi czas na tym opierałam swoją rzeczywistość. Jak więc nauczyć się otrzymywania, kiedy twoje postrzeganie jest wypaczone?

Jeśli To Jest Lekkie, Jest Właściwe

Jest jedna złota zasada otrzymywania:

Jeśli to jest lekkie, jest właściwe

Jeśli Twoje ciało odczuwa jakąkolwiek intensywność, ciężar, gęstość lub zaciśnięcie, jeśli ziewasz, dysocjujesz się lub chcesz uciec od kogoś – to co się dzieje nie jest otrzymywaniem. Na przykład, ktoś może próbować narzucić Ci coś, czego nie chcesz. W tym momencie masz wybór: cokolwiek, co jest ciężkie i gęste, powiedz temu stop, otrzymaj to, co jest dla Ciebie lekkie i odpowiednie. To pierwsze i najważniejsze działanie w otrzymywaniu.

Rozciągnij Się do Otrzymywania Więcej

Drugą lekcją otrzymywania jest otwarcie się ponad granice otrzymywania jakie postrzegasz. Wyobraź sobie, że rozciągasz się i otrzymujesz miłość i troskę w każdym mięśniu, więzadle, komórce, ścięgnie, narzędzie i układzie Twojego ciała — nawet jeśli słyszysz stary, znajomy głos mówiący „ nie zasługujesz na to" lub „to nie dla Ciebie". To praktyka otrzymywania więcej. Jest ona zupełnie inna niż stare wzorce energetyczne, takie jak żebranie o uwagę i zabieranie innym. Dla mnie ważne jest zaufanie, że otrzymywanie nie obróci się przeciwko mnie, jak to miało miejsce wielokrotnie w mojej przeszłości. Kiedy w Twojej historii jest trauma, możesz mieć trochę dodatkowej pracy do wykonania, aby otrzymywać miłość, która nam się należy, ale warto. Otrzymywanie jest darem i zasługujesz na niego – Ty i Twoje ciało.

Jeśli nie jesteś obecnie w związku, możesz ćwiczyć otrzymywanie z innymi rzeczami, takimi jak pieniądze, jedzenie, ćwiczenia lub Twoje własne ciało. Jest tak wiele sposobów, na które możemy się rozciągnąć do otrzymywania:

- Idź na spacer
- Weź dzień wolny i zadbaj o siebie
- Idź na masaż
- Kup coś na co Cię stać, ale wcześniej sobie tego odmawiałeś
- Przygotuj sobie zdrowy posiłek
- Zacznij robić to, co Cię zawsze interesowało (hobby)

Każda z tych rzeczy to sposób na otrzymywanie. I jak w przypadku innych praktyk opisanych w tej książce, nie jest to jednorazowe działanie.

- Jak możesz otrzymywać więcej każdego dnia?
- Jak możesz w tej chwili otworzyć się w pełni na otrzymywanie darów, które są dla ciebie dostępne?
- Co jeśli, tylko dzisiaj, zrzucisz swoją klatkę i pozbędziesz się niewidzialnego jeża?
- Co jeśli, tylko dzisiaj, otworzysz się na to, aby Wszechświat pokazał Ci coś wspaniałego?

Podsumowując, otwieramy się na nowy sposób wyjścia ponad nadużycie i rozpoczęcie nowej, rewolucyjnej rozmowy o nadziei na transformację. W tym rozdziale dotknęliśmy tej rozmowy, a w następnych rozdziałach poznasz dalsze praktyczne narzędzia, które pozwolą Ci wyjść ponad zwykłą rozmowę do czegoś, co możesz dalej urzeczywistniać w swoim życiu.

10

—————

ROZDZIAŁ DZIESIĄTY: NARZĘDZIA ZMIANY

Uwolnienie się z niewidzialnej klatki nadużycia jest procesem. To nie jest jednorazowe działanie lub jeden trik, choć chcielibyśmy tak o tym myśleć. Co więcej, niektóre terapie sugerują, że tak właśnie jest, ale jest to terapeutyczny mit, który nam wpajano. Wielu z nas wciąż czeka na ten moment. Z mojego doświadczenia wynika, że to tak nie działa. Możesz zrobić jeden krok na zewnątrz, a potem wycofać się z powrotem do klatki. Tak więc, zanim przejdziemy dalej, chcę upewnić się, że wyeliminowałeś całą niepoprawność jaką masz o samym sobie będącym w podróży do uzdrowienia. Jeśli jesteś w stanie pozwolić sobie na powrót do klatki i nie osądzać się za to, cała podróż będzie o wiele bardziej pełna przebaczenia.

NAZWANIE TEGO, CO SIĘ WYDARZYŁO

Odkryłam, że jednym ze sposobów, aby zacząć wychodzić poza klatkę nadużycia jest zaangażowanie się w rozmowę, pozwalającą wznieść się poza wstyd tego, co się wydarzyło. W psychologii istnieje termin „aleksytymia". Jest to niezdolność do znalezienia słów i uczuć opisujących to, co się wydarzyło . Jak wiele razy zdarzyło Ci się, że kiedy otworzyłeś usta, aby o tym porozmawiać, słowa się z nich nie wydobywały? To ta część Ciebie, która nie była w stanie wyrazić i wysłowić Twojego doświadczenia – ten głos może wyprowadzić Cię z klatki.

3 ETAPY WYBORU

Od jakiegoś czasu prawdopodobnie zauważasz, że zgadzasz się ze swoją historią nadużycia. Następnym etapem jest *zauważenie*, że faktyczne się z nią zgadzasz. Kolejnym etapem jest *zaprzestanie definiowania* siebie poprzez tę historię. Proces ten będzie wyglądał mniej więcej tak:

1. Nie zdawałem sobie sprawy, że miałem inny wybór.

2. Zdawałem sobie sprawę, że miałem inny wybór, ale nie wiedziałem, jak go dokonać.

3. Zauważyłem, że miałem inny wybór i podjąłem działanie w tym kierunku.

Krok trzeci to ten, na którym skupiamy się w tej książce. To ten, w którym wychodzimy z klatki i wkraczamy w pełnię życia.

ZANIM DOSZŁO DO NADUŻYCIA

Jednym z kluczowych elementów uzdrawiania nadużycia jest przypomnienie sobie, jaki byłeś, zanim doszło do nadużycia, co może angażować zarówno pamięć, jak i wyobraźnię. Mówię o pamięci oraz wyobraźni, ponieważ w zależności od wieku, w którym doszło do nadużycia, możesz mieć bardziej lub mniej wyraźne wspomnienia tego, jaki byłeś w wcześniej. Czasami ludzie muszą użyć wyobraźni, aby wyobrazić sobie, kim byli. Kiedy będziesz w stanie to zrobić, możesz zacząć zaszczepiać w swoim ciele nowe wspomnienia jak to jest czuć bezpieczeństwo i miłość.

W trakcie moich warsztatów ludzie cofają się w czasie i przestrzeni do momentu zanim doszło do nadużycia, i jednoczą się z cząsteczkami swojego ciała z tego miejsca. Oznacza to przypomnienie sobie siebie na poziomie molekularnym, jako naprawdę wspaniałej istoty, którą byłeś, zanim doszło do nadużycia. Chcę Cię zabrać do czasu, zanim zostałeś skrzywdzony i zanim pojawiła się klatka i zacząłeś postrzegać z jej wnętrza zniekształcając obraz rzeczywistości. Jest to przestrzeń zanim zaprzeczenie, obrona, dysocjacja i odłączenie stały się paliwem dla Twojego ciała. Jest to przestrzeń zanim zacząłeś funkcjonować z systemów automatycznego reagowania i czerwonego alarmu i pozostawania w bezustannej gotowości.

Prawda jest taka, że istnieje Twoja doskonała wersja funkcjonująca poza Twoim obecnym postrzeganiem siebie. Nie mówię o perfekcjonizmie, w którym wszystko robisz dobrze. Mówię o takiej doskonałości, w której widzisz siebie ponad swoimi wadami. Mówię o Tobie, żyjącym z miejsca jedności, a nie z miejsca oddzielenia. Mówię o Tobie, przejawiającym się w świecie ze świadomością, że wszechświat zawsze Cię wspiera. Nawet jeśli powiesz, że nigdy tego nie miałeś, poproszę Cię, abyś się rozprzestrzenił i wyszedł ponad myśli: „nie mogę", „nie będę" lub „wszystkim innym to wychodzi, tylko mnie nie".

W rozdziale czwartym omówiliśmy biomimetyczną mimikrę i wszystkie sposoby, na jakie mogłeś brać na siebie ból innych ludzi, traktując go, jako swój własny. Do tej pory był jak bańka wokół Ciebie. Prawdziwa jedność to powrót do miejsca i czasu w Twoim ciele, które pamięta Cię poza tą bańką. Pamięta, jak czuje się miłość, akceptację, odpoczynek, troskę, bezpieczeństwo i połączenie. To dynamiczna przestrzeń w Twoim ciele, która wibruje i pulsuje — *tańczy* — z jednością, wolnością, przestrzenią i świadomością.

Pozwól sobie zaufać radości i weź ją w objęcia.

A odnajdziesz siebie tańczącego ze wszystkim.

— *RALPH WALDO EMERSON*

Ta wiedza, bycie, postrzeganie i otrzymywanie niesamowitego istnienia, którym jesteś w rzeczywistości. Ta głęboka wiedza, że zawsze byłeś i jesteś w porządku. Jedyne, co naprawdę jest nie w porządku, to fakt, że żyłeś uwięziony w historii, bólu i traumie, która skutecznie zamykała Cię w niewidzialnej klatce nadużycia. To, co jest nie w porządku, to Twoje odłączenie od pięknego Ciebie, który pamięta i żyje z przestrzeni swojej esencji i prawdziwej natury.

STUDIUM PRZYPADKU — EMMA

Kiedy pracowałam z Emmą, zapytałam ją, jakie to było dla niej odczucie być w swoim ciele zanim doświadczyła nadużycia. Opisała to jako wolne, zabawne i pomysłowe. Pamiętała jaka była wtedy kreatywna i niezwykła. Jako dziecko czuła, że magia jest na wyciągnięcie ręki i z tego miejsca mogła zrobić wszystko, o czym marzyła. Była w tym dziecięca, niewinna obecność.

Gdy wczuła się pełniej w tę przestrzeń na poziomie molekularnym, poczuła, że mogła biegać swobodnie. Przypomniała sobie, że nie przejmowała się światem. Mogła generować i tworzyć wszystko, co chciała. Odczuła to wszystko jako rzeczywiste doświadczenie, co spowodowało adekwatną zmianę jej stosunku do swojego ciała.

Kluczowym elementem jest zrozumienie, że molekuły, z którymi się komunikujesz, istniały przed nadużyciem. Nigdy nie odeszły i nigdy nie zostały Ci odebrane. Kiedy tego nie rozumiemy, myślimy, że musimy znaleźć coś, co straciliśmy. Nic nie zaginęło. Po prostu zostały schowane pod historią nadużycia i wszystkim, co zdecydowałeś w jego wyniku – łącznie z pomysłami, jak przez to przejść, uleczyć i zmienić.

ĆWICZENIE ENERGETYCZNE: JEDNOŚĆ Z MOLEKUŁAMI

Pozwól sobie powrócić do przynajmniej jednego momentu, w którym Twoje ciało było w przestrzeni odpoczynku, pielęgnacji, bezpieczeństwa, miłości i akceptacji. To przestrzeń prawdziwej jedności, gdzie wiesz, że wszechświat Cię wspiera i zawsze chce Cię kochać, wspierać i obdarowywać.

Nazwij na głos czas, miejsce i określ swój wiek, zanim doszło do nadużycia. Aby dostać się do przestrzeni jedności, musisz rozciągnąć się w możliwość, że zanim pojawiło się nadużycie, istniała taka przestrzeń.

Pozwól swojemu ciału rozprzestrzenić się jeszcze bardziej w tym uczuciu. Następnie, wykonać jakąś czynność, która pasuje do uczucia. Może to być tak proste, jak: wzięcie gorącej kąpieli, zapalenie świecy, posłuchanie muzyki, spacer na łonie natury lub zabawa ze swoim zwierzakiem.

Polecam wykonywać to ćwiczenie przynajmniej raz dziennie. Zwróć uwagę, czy Twoja energia zmienia się, gdy wykonujesz to ćwiczenie: Czy pojawia się chłodny powiew lub lekkość? Jeśli masz choćby małe poczucie, że coś się zmienia, doświadczasz jedności sprzed nadużycia i ponad nadużyciem.

Uzdrowienie nadużycia w tym nowym modelu obejmuje wybór, chociaż wybór wyjścia ponad nadużycie poprzez cofnięcie się do czasu zanim ono nastąpiło, może się początkowo wydawać niemożliwe. Historia nadużyć sięga do odległych czasów. Być może nigdy nie żyłeś bez niej. Samo rozważenie wyjścia ponad tę historię może wymagać całkowitej zmiany perspektywy.

DZIENNIK ĆWICZEŃ: WYBIERAJ INACZEJ

Czy widziałeś film „Dzień świstaka", w którym główny bohater przeżywa w kółko ten sam dzień? Jak Ci idzie przeżywanie na okrągło tego samego dnia?

Co jest wymagane, abyś wybrał ponad to? Jak możesz dokonać innego wyboru?

Częścią procesu wychodzenia poza klatkę jest odkrycie, że jesteś kimś więcej niż doświadczonym nadużyciem. Jesteś „Ty" odseparowany od nadużycia i odseparowany od sprawcy. Istniejesz Ty poza wszystkim, co Ci się kiedykolwiek przydarzyło. I to jest wybór, aby wyjść ponad wszystko, co na tej podstawie zdecydowałeś. Pozwala to nadużyciu zejść na dalszy plan, dzięki czemu zyskujesz przestrzeń do generowania i tworzenia swojej rzeczywistości.

Poniższe siedem kroków pomoże Ci w tym procesie definiowania własnej rzeczywistości, jako odrębnej i oddzielnej od nadużycia. Pamiętaj, że każdy kolejny krok opiera się na poprzednim, więc nie oczekuj, że odhaczysz je tak, jak to robisz z listą rzeczy do zrobienia. Nie o to tutaj chodzi. Każdy krok rozświetla Twoją świadomość, która daje Ci większy wybór wraz z tym, jak podążasz w swoją podróżą wyzwolenia siebie.

Krok pierwszy: Uznaj swoją klatkę nadużycia i przyznaj, że nie działa ona z korzyścią dla Ciebie.

Krok drugi: Wybierz, aby przyjrzeć się swojej klatce, zamiast zaprzeczać jej istnieniu lub jej bronić.

Krok trzeci: Dokonaj wyboru, aby ją uwolnić. Zdecyduj, że zamierzasz to zmienić.

Krok czwarty: Uzyskaj wsparcie i podziel się swoją historią. Pamiętaj, że to nie to samo, co dzielenie się bólem. Zamiast dzielić się bólem, znajdź kogoś, kto da Ci wsparcie i doda mocy i komu możesz powiedzieć: „Oto, co się dzieje, jak mogę przez to przejść?" Otrzymując tego typu wsparcie zaczniesz budować świadomość wewnątrz siebie.

Krok piąty: Połącz się ze swoimi zdolnościami twórczymi, przypominając lub wyobrażając sobie, jak to było, zanim doszło do nadużycia. Było – i jest – w Tobie coś magicznego, na co nałożyła się historia nadużycia.

Krok szósty: Bądź gotów uwolnić swój blask i swoją wspaniałość. Zaryzykuj i skocz w nowe obszary, projekty i sposoby bycia.

Krok siódmy: Bądź sobą – prawdziwy, naturalny, nieoszlifowany, nieocenzurowany. Tutaj żyjesz ponad swoją historią, ponad swoją przeszłością, ponad swoją rzeczywistością.

DZIENNIK ĆWICZEŃ: CZEGO JESTEM ŚWIADOMY?

Eksploruj następujące pytania:

Jaką świadomość już mam, której nie uznaję, a która zmieniłaby moją rzeczywistość w tej chwili?

Czego jestem świadomy sprzed nadużycia? Jakby to było być sobą?

Co chciałbym teraz stworzyć?

Co mogę teraz wybrać, co zabierze mnie ponad starą historię nadużycia i zainspiruje mnie do innych możliwości?

Podsumowując, w tym rozdziale badaliśmy narzędzia do zmiany, które pomogą Ci zbudować większą świadomość Twojego prawdziwego ja – ja, które nigdy nie zostało zranione przez rzeczy, które Ci się przydarzyły, ale które zostało pogrzebane pod Twoją historią o nadużyciu. Ta jaźń — magiczny Ty — tylko czeka aż ją rozpoznasz. To na nowo da Ci potęgę wyboru w teraźniejszości i włoży moc w Twoje ręce. Teraz to Ty decydujesz aby żyć pełnią życia.

ROZDZIAŁ JEDENASTY: AKTUALIZACJA PODŚWIADOMEGO SYSTEMU OPERACYJNEGO

Czy kiedykolwiek zauważyłeś, co się dzieje, gdy nie aktualizujesz systemu operacyjnego na swoim komputerze? Stare, nieaktualne i uszkodzone pliki mogą poważnie wpływać na wydajność Twojego komputera. Tak samo dzieje się z Twoją podświadomością.

Istnieje tak wiele uwarunkowanych systemów reakcji opartych na przekonaniach, które zostały zaszyte i zakleszczone w naszych ciałach w momencie, gdy doszło do nadużycia lub traumy, tak że nagle każda sytuacja może być aktywatorem i reakcją zamiast odpowiedzią i wyborem. Kiedy zaktualizujesz oprogramowanie swojej podświadomości, uwolnisz przeszłość i będziesz mógł generować i kreować w teraźniejszości.

Wyzwolić się z Kłamstw

Musisz naprawdę zdawać sobie sprawę z faktu, że to Twoja własna psychika, sposób myślenia i systemy wierzeń tworzą dla Ciebie największe kłamstwa i największe wyzwania. Ustanawiają zasady i zachowania, które nie tylko jeszcze bardziej odłączają Cię od tego, kim naprawdę jesteś i od życia, które z radością byś wybrał, ale także wpływają na to, jak ukazuje się Twoja zewnętrzna rzeczywistość.

Staje się to samospełniającą się przepowiednią, która „udowadnia" Ci, że nigdy nie będziesz żyć ponad nadużyciami, że nigdy nie będziesz silną, błyskotliwą, fenomenalną istotą, którą w rzeczywistości jesteś.

Pytanie brzmi:

- Jak wiele jeszcze nadużyć musisz stworzyć i cierpieć z ich powodu?
- Kiedy będzie wystarczająco dużo?
- Kiedy wybierzesz, aby przestać żyć poprzez kłamstwa, które nauczyłeś się wcielać, jako swoją rzeczywistość?

DZIENNIK ĆWICZEŃ: STAŃ SIĘ ŚWIADOMY KŁAMSTW

Zapisz 10 rzeczy, o których wiesz, że stworzyłeś je w swoim życiu w oparciu o kłamstwa. Spójrz na nie z perspektywy swojego ciała, z perspektywy finansowej, z perspektywy relacji, z perspektywy kariery lub pracy, sposobu, w jaki odnosisz się do siebie, jak wchodzisz w interakcje ze sobą i innymi osobami.

Pamiętaj, że to jest ćwiczenie w świadomości, a nie z osądzania siebie.

Ponad Osądzaniem Siebie lub Innych

Kiedy dokonujesz samosądu, zamykasz się jeszcze bardziej w niepoprawności siebie. Z jakiegoś powodu mamy wielką przyjemność i komfort żyjąc w przeświadczeniu, jak bardzo się mylimy, jak bardzo jesteśmy źli i okropni. I to jest *prawdziwa* zaraza i wylęgarnia kolejnych nadużyć. Utrzymuje Cię również we wzorcu gwarantującym, że nigdy nie będziesz musiał być kimś więcej niż jesteś teraz.

DZIENNIK ĆWICZEŃ: PRZYJRZYJ SIĘ OSĄDOM

Jak wiele masz osądów na temat niepoprawności i niegodziwości siebie?

Jak wiele masz osądów o sobie, jako o skażonym lub jako o kimś, kto jest zepsuty?

Ile z tych osądów przyjąłeś, jako swoją pozycję „do odwrotu", aby nigdy nie wyjść nad nadużycie i zawsze powracać do komfortu i bezpieczeństwa tego, co wiesz?

Zauważ, gdzie doświadczasz tych pytań w swoim ciele. Gdziekolwiek to czujesz, tam utrzymujesz osąd.

Kiedy osądzasz kogoś innego, w rzeczywistości bronisz, odłączasz się, zaprzeczasz i dysocjujesz od tego, czego nie chcesz dostrzec w samym sobie. Dzieje się tak dlatego, że inni odzwierciedlają to, co tak naprawdę sądzisz o samym sobie. Trzyma Cię to zamkniętego w ograniczonym spojrzeniu na to, kim naprawdę jesteś. Tak więc, za każdym razem, gdy wskazujesz palcem na to, co wydarzyło się ostatniej nocy, w zeszłym tygodniu, w zeszłym miesiącu lub 20 lat temu, w rzeczywistości zaprzeczasz, dysocjujesz, odłączasz się i bronisz przed czymś, za co nie chcesz być odpowiedzialny u siebie. Dlatego tak trudno jest to odpuścić. W ten sposób pozostajesz także zamknięty w klatce.

Z tego względu, że osąd dotyczy dewaluacji i wyrzeczenia się tego, czego nie chcesz i nie możesz zobaczyć w sobie, narzucasz lub projektujesz osąd na inną osobę, aby zdjąć presję z siebie. Natomiast nie jest to jedyny sposób na złagodzenie presji. Na przykład, kiedy pracuję z klientem, mówię mu, aby energetycznie oddał tę presję, te osądy do ziemi. Możesz także stopniowo uwalniać swoje osądy. Mam jednak wrażenie, że jeśli przywykłeś przez całe życie do osądzania siebie, zawsze starasz się wprowadzić w swoim życiu monumentalne zmiany, ponieważ wierzysz, że coś musi się zmienić, aby wreszcie było w porządku. A sukcesem może być zmiana zaledwie o jeden stopień.

ĆWICZENIE ENERGETYCZNE: UWOLNIJ SWOJE OSĄDY DO ZIEMI

Osąd odcina Cię i odłącza od Twojego ciała, więc pierwszym krokiem do wyjścia poza osądzanie jest ponowne połączenie. Usiądź w cichym miejscu, zamknij oczy i weź kilka głębokich oddechów. Oddychaj przez usta, aby połączyć umysł z ciałem. Rozprzestrzeń swoją energię w głąb i poprzez ziemię. Chwyć ciężar lub gęstość gdziekolwiek go czujesz i zrzuć to do ziemi głęboko wypuszczając powietrze. Ta energia jest darem dla ziemi. Kiedy oddajesz swoje osądy do ziemi, uwalnia to Twoje ciało od gęstości i ciężaru uniemożliwiającego , aby wolność, przestrzeń i prawda były Twoją rzeczywistością. Ziemia w rzeczywistości jest taką przestrzenią, w której nie ma osądu.

Wszystko, co oddajemy i wnosimy do ziemi z naszych ciał, jest przez nią pochłaniane. Staje się dla ziemi paliwem i może ją zregenerować. Może to pochodzić z naszych ciał, abyśmy nie musieli już nosić tego ciężaru, który zamiast tego może zostać wykorzystany dla dobra ziemi.

Podaruj swoje osądy jako wkład dla ziemi. Należą do nich Twoje osądy dotyczące:

- Twojej matki, ojca, siostry, brata, dziadków, ciotek lub wujków
- Twojego ciała i poszczególnych jego części, przodu Twojego ciała, tyłu Twojego ciała, wszelkie blizny, które masz lub przewlekłe bóle
- Twoich oprawców

Oddaj je wszystkie do ziemi i pozwól im odejść. Podaruj je wszystkie ziemi, jako dar i wkład. Następnie, sprowadź swoją energię z powrotem z ziemi do siebie już bez osądów. Otrzymuj od ziemi. Rozszerz teraz swoją świadomość i zauważ to, czego jesteś świadomy w swoim ciele. Jesteś lżejszy czy cięższy? Masz więcej przestrzeni czy mniej?

Możesz raz po raz uwalniać swoje osądy do ziemi, aż poczujesz spokój i przestrzeń możliwości.

Generowanie z Przeszłości

Kiedy wciąż trzymasz się swojej toksycznej przeszłości, to w zasadzie żyjesz jako dziecko lub młodsza wersja siebie, która doświadczyła nadużycia. Kiedy doświadczyłeś nadużycia niektóre z typowych pozytywnych ludzkich reakcji i interakcji mogą wydawać Ci się odległe, jakby nie należały do Ciebie lub były poza Twoim zasięgiem. Życzliwość może wydawać się obca. Wdzięczność i hojność są niezręczne i uciążliwe. Możesz odczuwać miłość jako zagrożenie.

Cała zabawa i baraszkowanie mogło się ulotnić wraz z szokiem i traumą tego, co się wydarzyło i zostać zastąpione nadmierną czujnością, kontrolą, sztywnością i dominacją. Wszystko staje się obowiązkiem, a tym samym, ograniczasz swoją zdolność do postępu w życiu.

- Jak wychodzisz ponad swoje nadużycia?
- W jaki sposób aktualizujesz swoją podświadomość i zastępujesz stare przekonania oparte na nadużyciach nowymi przekonaniami, które ponownie łączą Cię z bardziej pozytywnymi stanami emocjonalnymi?
- W jaki sposób ponownie odkrywasz

wdzięczność za siebie, swoją życzliwość i miłość?

Kiedy próbujesz objąć pozytywne aspekty siebie, takie jak miłość lub zabawa, wspaniałomyślność ducha lub wdzięczność, mogą pojawić się pewne sytuacje, w których myślisz: „Po prostu nie wiem, jak to zrobić". Przypomina to sytuację, w której komputer wyświetla komunikat „nie znaleziono pliku". W końcu, jeśli żyłeś przez ostatnie kilkadziesiąt lat lub dłużej z miejsca nadmiernej czujności, kontroli i sztywności, skąd wiesz, jaki jest ten następny krok?

Aktualizacja Twoich Przekonań

Gdyby Twój komputer był pełen kurzu, prawdopodobnie wziąłbyś zbiornik sprężonego powietrza, aby go wyczyścić. Ale jeśli chodzi o nasz wewnętrzny świat, większość z nas trzyma te pyłki kurzu dokładnie tam, gdzie się znajdują. Nazywamy to zażyłością lub strefą komfortu. Z wyjątkiem tego, że przez większość czasu nasza strefa komfortu jest dosyć niekomfortowa. W międzyczasie, odkrywasz, że blokujesz i odpychasz wszystko, co dobre w Twoim życiu. Może mówisz, że jesteś szczęśliwy, ale to fałszywe poczucie szczęścia – istniejące na powierzchni, a nie głęboko wewnątrz Ciebie. Jednocześnie, łykasz pigułki na depresję lub robisz inne rzeczy, które powodują, że się odłączasz lub unikasz tego, jak naprawdę się czujesz.

Aby wieść życie świadomych wyborów, należy wyczyścić, odszyfrować i zastąpić stare oprogramowanie zakorzenione w nadużyciach. W przeciwnym wypadku będziesz kręcić się w kółko tam i z powrotem, uderzając w ten sam pułap lub szklany sufit, zmagając się i walcząc z nim. Ale nie wyjdziesz ponad nadużycie poprzez bitwę.

Wychodzisz ponad nadużycie ucząc się dokonywania innych wyborów — począwszy od życia w harmonii i jedności z samym sobą aż po nieskazitelną integralność.

Krok Pierwszy: Stań się Świadomy

Podobnie, jak w przypadku wielu konceptów, które przedstawiłam Ci w tej książce, pierwszym krokiem jest świadomość. Kiedy pytam ludzi, czy wiedzą, jak na nowo odkryć wdzięczność, życzliwość i miłość do siebie, niektórzy odpowiadają, że nigdy tego nie mieli. Jednak, nawet jeśli nadużycie, którego doświadczyłeś, zaczęło się dwa dni po urodzeniu, masz przynajmniej ktorym nie byłeś wykorzystywany. Tak ient, w którym doświadczyłeś wdzięczści i miłości. Być może częściej doświadnej czujności, dominacji i nadużycia, ale wciąż był moment, w którym istniałeś ponad nadużyciem.

Krok Drugi: Przyznaj się do Nieufności

Drugim krokiem jest rozpoznanie, jak bardzo nie ufasz innym. Sceptycyzm i osąd utrzymują klatkę na swoim miejscu. To jak kolejna wersja klatki nadużycia. Nieufność, sceptycyzm, osąd, nadmierna czujność, dominacja, kontrola, sztywność tworzą dalsze ściany twojej klatki, utrzymując Cię w zamknięciu i ograniczeniu.

Krok Trzeci: Opuść Swoje Bariery

Aby zastąpić podświadome oprogramowanie, które utrzymuje klatkę na miejscu, musisz opuścić swoje bariery. Potrzeba głębokiego postanowienia, które czasami nazywam „wytrwałością świadomości", aby powiedzieć „nie" temu, w jaki sposób nadużycie jest utrzymywane w Twoim umyśle i przechowywane w Twoim ciele. Musisz zacząć odpuszczać te decyzje, osądy i konkluzje, które wyciągnąłeś w drugim dniu życia, w wieku trzech lub ośmiu lat, lub w jakimkolwiek wieku, kiedy zaczęło się nadużycie. Pamiętaj, te decyzje zostały stworzone, aby Ci wtedy pomóc, ale są częścią przestarzałego programowania. Teraz już Ci nie pomagają.

DZIENNIK ĆWICZEŃ: STAŃ SIĘ ŚWIADOMY

Zanotuj sytuacje, doświadczenia, czasy, miejsca, ludzi i dynamikę w swoim życiu, w których chcesz przyjąć postawę życzliwości, miłości i zabawy, ale im bardziej tego pragniesz, tym mocniej się zmagasz, walczysz i naciskasz na pręty klatki.

CO KOCHASZ W KLATCE?

Częścią wychodzenia poza klatkę jest przyznanie się, że jest część Ciebie, która „kocha" tę zażyłość i komfort. Mówię to oczywiście bez osądu. Jako istoty ludzkie wciąż robimy to, co kochamy. Co kochasz w zmaganiu się i walce?

- Czy czujesz się z tym bezpieczniej?
- Czy przeraża Cię bycie wrażliwym i bezbronnym?
- Czy obawiasz się, że wprowadzanie zmian zrani innych?
- Czy jesteś w stanie tolerować niepewność, kiedy myślisz o przyszłości?

Są to typy teorii lub przekonań, które stoją na drodze Twojego postępu, podejmowania ryzyka i robienia rzeczy inaczej niż do tej pory. Problem polega na tym, że ta sama dynamika, odtwarzana w kółko, prowadzi Cię do osądu samego siebie. To z kolei prowadzi Cię do oddzielenia od innych, co w rezultacie powoduje odłączenie od innych.

Dopóki istnieje korzyść z przechowywania tych starych plików i nieopróżniania kosza na śmieci, gwarantujesz sobie, że zawsze będziesz ofiarą swojej przeszłości i pozostaniesz zamknięty w klatce. Będziesz kontynuował zachowania, które doprowadziły Cię do miejsca, w którym jesteś dzisiaj. Nigdy nie pozwolisz sobie wyjść poza ograniczony stan rzeczywistości. To dosłownie utrzymuje Cię w związku z Twoją przemocową rzeczywistością.

Więc jeśli nie zaktualizujesz swojego systemu operacyjnego podświadomości, jesteś jak serce, które czeka aż zostanie złamane. Kreujesz katastrofalne życie, odpychasz pieniądze lub kończysz kolejny związek.

TWOJE SYSTEMY PRZEKONAŃ

Twoje systemy przekonań o tym, jak masz reagować na świat, oparte są o to, czego się nauczyłeś. Uformowały się z perspektywy traumy.

- Jeśli zwrócę na siebie uwagę, doświadczę nadużycia.

- Jeśli zostanę zauważony, doświadczę nadużycia.
- Jeśli na kogoś spojrzę, doświadczę nadużycia.
- Jeśli kogoś zobaczę, doświadczę nadużycia.
- Jeśli pokażę się publicznie, doświadczę nadużycia.
- Jeśli zrobię coś wartościowego, doświadczę nadużycia.
- Jeśli powiem coś głośno, doświadczę nadużycia. Jeśli powiem cokolwiek, doświadczę nadużycia.
- Jeśli zrobię cokolwiek innego, doświadczę nadużycia.

Kiedy takie przestarzałe przekonania nadal rządzą Twoim życiem, ty nadal zachowujesz się tak, jakby to, co zdecydowałeś, gdy doznałeś nadużycia, było prawdą. Nadal działasz poprzez filtry swojej młodszej jaźni i reagujesz z mentalnego oprogramowania, które zostało stworzone dawno temu.

TWOJE CZĘSTOTLIWOŚCI WIBRACYJNE

Zasadniczo, Twoje aktualne nieświadome przekonania przyciągają więcej nadużycia z powodu rezonansu częstotliwości nadużyć – Twojej ogólnej wibracji – i kończy się na tym, że rezonujesz z innymi na tej samej częstotliwości. Nie oznacza to, że coś jest z Tobą nie tak lub jesteś wadliwy, ponieważ to się ciągle dzieje. To tutaj ludzie słyszą o Prawie Przyciągania i dezorientują się myśląc, że kreują nadużycie. Właściwie, w moim przypadku, nie „kreowałam" nadużycia, ale złapałam się w jego częstotliwość. Ściany klatki, którą trzymałam jako swoją rzeczywistość – oraz informacje przechowywane w systemie operacyjnym mojej podświadomości – oznaczały, że inni ludzie o podobnej częstotliwości będą do mnie pasować.

Więc jeśli którakolwiek z rzeczy, które powiedziałam, współbrzmi z Tobą, to Twoje przekonania sprawiają, że jesteś w konflikcie z życiem pełnią życia lub nawet byciem obecnym w teraźniejszości. Kiedy operujesz na podstawie przeszłości i powstałych w niej przekonań, zawsze będziesz w rezonować na częstotliwości nadużyć.

WYPEŁNIJ SWÓJ UMYSŁ TYM, CZEGO CHCESZ

Zmiana przekonań oznacza „wyjście ze starego, wejście w nowe". Potrzeba trochę eksploracji i pracy, aby rzeczywiście wiedzieć, jaką jakość życia chciałbyś mieć. Sposobem na to jest znalezienie w swoim życiu przestrzeni lub miejsca, w którym jesteś najszczęśliwszy.

- Gdzie czujesz się najbardziej przyjemnie w swoim ciele?
- Kiedy czułeś się zaopiekowany i chroniony, a jednocześnie, pełen życia?

Odkryj, jakie są to sytuacje i zacznij je zakotwiczać w swoim ciele, jako nowe doświadczenia. Umożliwi Ci to rozpoczęcie budowania od wewnątrz nowego fundamentu własnego życia z nowego zestawu dostępnych dla Ciebie wyborów. Możesz także zacząć aktywnie decydować o jakościach i cechach, które cenisz, takich jak życzliwość, hojność, wdzięczność i miłość. Musisz aktywnie wybierać bardziej radosne doświadczenia, które przyniosą lekkość i ekspansję w Twoim ciele, nawet jeśli początkowo wydają się obce i nienaturalne.

Aby zmienić własne systemy przekonań, najpierw musisz wybrać siebie. Musisz wybrać to, co jest ponad tym, co Tobie narzucono. Musisz wybierać z wytrwałością świadomości, pełnią życia i agresywną obecnością. Musisz podjąć decyzję, aby mówić „nie" temu, czego nie chcesz i „tak" temu, czego chcesz.

To jest punkt, który większość ludzi pomija. „Przymierzają" nowe jakości radości i ekspansji, ale nie czują się z tym dobrze dopasowani, ponieważ nie są przyzwyczajeni do rezonowania na tych częstotliwościach. Mówią więc: „To po prostu nie dla mnie", a potem wracają do starych, znanych sposobów. Jeśli to robisz, poddajesz się nadużyciu. Jeśli to robisz, mówisz, że *nie* jesteś życzliwy, hojny ani wdzięczny. Jeśli to robisz, mówisz, że *nie* jesteś miłością. I to jest zupełne kłamstwo.

Już jesteś życzliwy, hojny, wdzięczny i kochający.

Większość z nas, którzy doświadczyli nadużycia, to najbardziej życzliwe, delikatne, wrażliwe, mądre, inteligentne, piękne istoty, jakie kiedykolwiek spotkałam na tej planecie. Możesz wybrać, aby dotknąć tej prawdziwej przestrzeni siebie zamiast rzeczywistości, która została Tobie narzucona. Nawet jeśli na początku wydaje się, że jest ona tak maleńka jak mały palec, znajdź w swoim ciele miejsce, które wie, że jest odbiciem życzliwości, hojności, wdzięczności i miłości — gdzieś w swoim ciele, które wie to, gdy jesteś na łonie natury, na ziemi, w powietrzu, we wszechświecie, gdzie istnieje tylko życzliwość, hojność, pokój i spokój. Jeśli potrafisz to zrobić, zaczniesz zmieniać swoje życie.

Dla niektórych osób może zabrzmieć niedorzecznie, że jest to tak małe jak mały palec, ale nawet to może być ogromną zmianą. Czasami właśnie ten mały palec to jedyne miejsce, w którym lekarz lub pielęgniarka dotknęli nas zaraz po urodzeniu i był to jedyny czuły dotyk, jakiego kiedykolwiek doświadczyliśmy. Wiem, że używam tutaj skrajnego przykładu, ale często pracuję z ludźmi, którzy twierdzą, że nigdy w życiu nie doświadczyli pełnego miłości dotyku. I chociaż może to być w przeważającej mierze prawdą, chcemy również móc czerpać z najmniejszej ilości miłości, radości i wdzięczności, jakiej zaznaliśmy, i zacząć je rozszerzać, aby stały się naszą rzeczywistością, a nie były wyjątkiem, jak mogło być wcześniej. Musisz znaleźć to miejsce, w którym te jakości istnieją jako autentyczna przestrzeń w Twoim ciele i to wykorzystać.

ĆWICZENIE ENERGETYCZNE: POSZERZANIE ENERGII I ŚWIADOMOŚCI W TWOIM CIELE

Kiedy odkryjesz przestrzeń w swoim ciele, która wie, kim naprawdę jesteś, pozwól tej części na uśmiech. Nawet jeśli była to tylko sekunda pełnego miłości dotyku, kiedy byłeś dzieckiem, pozwól, aby to rozszerzyło się na Twój następny palec i rozszerzyło się na następny palec, i następny palec, i kciuk, a potem dłoń, a potem pozwól temu wędrować w górę ramienia.

Nawet jeśli nie przypominasz sobie, byś poznał kochający dotyk kogoś innego, korzystaj z własnych zasobów. Zacznij myśleć o wszystkich chwilach w życiu, w których czułeś się radosny i wolny, i dostrój się do swojej wrodzonej dobroci, życzliwości, hojności ducha, wdzięczności i miłości, którymi naprawdę jesteś ponad tym, czego doświadczyłeś. Rozprzestrzeniaj to, aż będzie coraz większe. Więc to już nie jest tylko mały palec, teraz to trzy czwarte Twojego ciała. A potem, w końcu stanie się całym Twoim ciałem.

Dzięki nieustannej praktyce, odkryjesz, że masz nowy system operacyjny oparty na tym, kim naprawdę jesteś molekularnie.

Podsumowując, zbadaliśmy, w jaki sposób Twoje systemy przekonań kierowały przedstawieniem. Aby zmienić to, co znajduje się w Twoim systemie operacyjnym podświadomości, musisz podjąć świadomy wysiłek, aby uświadomić sobie stare programy, które Tobą kierują i wyczyścić przestarzałe przekonania, które już nie służą Tobie ani życiu, którego pragniesz. Następnie masz wybór, aby aktywnie decydować, jakie przekonania chciałbyś, aby wspierały Cię w byciu wszystkim tym, czym jesteś, i wybrać, aby wyrażać siebie, a także zacząć instalować te nowe jakości i doświadczenia, bez względu na to, jak bardzo na początku wydają się nieznane. Od tego momentu, jesteś gotowy by wdrożyć życie pełnią życia.

ROZDZIAŁ DWUNASTY: ŻYCIE PEŁNIĄ ŻYCIA

Nie jestem ani ofiarą ani ocalałą, i nawet nie jestem prosperująca. Wybieram, aby żyć kompletnie, orgazmicznie z agresywną obecnością jaka jest we mnie. Jestem katalizatorem generującym i kreującym moją rzeczywistość z tego, co mnie pielęgnuje i jest dla mnie zabawne. Nigdy nie pozwolę nikomu ponownie wybierać za mnie i jest to wybór sam w sobie, aby nie dostać w tej rzeczywistości etykiety ofiary, ocalałej lub prosperującej.

W bardzo dosłownym znaczeniu, do tej pory żyłeś w stanie martwicy w wyniku nadużycia, którego doświadczyłeś. Teraz jednak, nadszedł czas, aby przejść do czegoś zupełnie innego – życia pełnią życia – a dzięki przedstawionym tu pomysłom jest to realna możliwość.

Życie pełnią życia nie oznacza, że nie będziesz odczuwać złości, smutku ani żadnych innych uczuć, których doświadczamy w wyniku nadużycia. Oznacza to, że będziesz czuć się komfortowo, wyrażając wszystkie emocje, jakie masz. Będziesz mieć dostęp do większej ekspresji wszystkich części siebie.

Wyobraź sobie, że cała Twoja witalność zamknięta jest w niewyrażonej wściekłości i smutku, cała magia jest zablokowana przez wstyd, a cała mądrość Twojego ciała zostaje zabita przez strach – wyobraź sobie, że to wszystko jest dla Ciebie dostępne. Żyjąc pełnią życia, nie musisz już próbować kontrolować swojego świata, aby czuć się bezpiecznie, lub po prostu zachowywać pozory w swojej relacji z samym sobą, swoim ciałem, partnerem, pracą i kontem bankowym.

Więc, pierwsze pytanie brzmi: czy chcesz być sobą?

Czy Chcesz Być Sobą?

Poznaj siebie.

— *STAROŻYTNY GRECKI AFORYZM*
WYRYTY W ŚWIĄTYNI W DELFACH

Bycie sobą oznacza poznanie prawdy o sobie ponad swoimi rolami, obowiązkami, płcią, wykształceniem, licencjami lub certyfikatami, pracą lub tym, kim jesteś w swoich związkach. Oznacza to wybór, bycie, robienie, posiadanie, generowanie i kreowanie wszystkiego ponad tym, czego ktoś inny Cię nauczył lub zdefiniował dla Ciebie. Ta głęboka mądrość o sobie – o swoim prawdziwym ja – uwolni Ciebie od martwicy nadużycia, przebudzi Cię do przyjemnych doznań życia w swoim własnym ciele i pomoże Tobie komunikować się z własnym ciałem, aby uzyskać dostęp do jego wrodzonej mądrości.

Czy jesteś gotowy, aby otrzymać prezenty, które ma dla Ciebie wszechświat i ponownie wybrać przyjemność i możliwości Twojego życia?

Czym nie chcesz być?

Jednym ze sposobów wybudzenia siebie z mgieł uwarunkowań, którego używałam, jest zadanie pytania:

- Czym nie chcę być?
- Czym nie chcę być, a gdybym po prostu tym była, od razu ułatwiłoby mi bycie sobą?

Nie wiem dokładnie, jak do tego doszłam, ale pamiętam, że obudziłam się ze świadomością, że wybieram życie cudzą rzeczywistością. Zrozumiałam, że było to oparte na wszystkich punktach odniesienia, które stworzyłam w tym życiu, które dawały mi fałszywe poczucie bezpieczeństwa. Moja rzeczywistość była oparta na wszystkich punktach odniesienia mojej rodziny, mojego wychowania, tego skąd pochodzę, jakie były moje doświadczenia i tak dalej. I zdałam sobie sprawę, że to mnie unieszczęśliwia. Nieświadomie próbowałam dalej niszczyć siebie. Pytanie: „Kim nie chcę teraz być?" może naprawdę pomóc Tobie wyrwać się z tego cyklu.

Nawet teraz w moim życiu, kiedy zauważam, że nie czuję się tak pełna życia, jak zwykle, pytam: „W porządku, kim lub czym nie chcę teraz być?" Zamiast tego mogłabym popaść w ocenianie siebie, łajanie za to jaka jestem zła, do czego zostałam zaprogramowana, ale rzeczywistość jest taka, że jeśli zadam sobie takie pytanie, mogę wyrwać się z osądu do wyboru.

DZIENNIK ĆWICZEŃ: CZYM NIE CHCĘ BYĆ?

Zadawanie sobie tego pytania zapobiegnie powracaniu do starych uwarunkowań, które powodują więcej niepokoju, niespokojnego snu, dystansu i separacji. To pytanie pomoże Ci stworzyć więcej połączenia i harmonii.

Czy odmawiasz bycia piękną wersją siebie?

Czy odmawiasz bycia mówcą, którym mógłbyś być?

Czy odmawiasz bycia pisarzem, którym naprawdę jesteś?

Czy odmawiasz bycia maratończykiem, którym wiesz, że jesteś?

Czy odmawiasz bycia nauczycielem, do bycia którym masz powołanie?

Czy odmawiasz bycia tym, w co wierzysz, że jest dla Ciebie prawdziwe i tym, kim jesteś?

Jak Mogę Dokonać Tego Wyboru?

Kiedy już zadałeś sobie pytania, kim odmawiasz być, następnym krokiem jest zapytanie siebie:

- Jak mogę to wybrać?
- Co mogę zrobić, aby wybrać bycie tym w tej chwili?

Ale to idzie jeszcze głębiej. A co jeśli przestanę w końcu pozwalać sobie na ukrywanie mojej własnej mocy?

A co jeśli nigdy byś nie pozwolił sobie na ukrywanie swojej własnej mocy?

Wiedz o tym, że Twoja moc nie zostanie odnaleziona poza Tobą, ale raczej wewnątrz Ciebie. W każdej chwili, każdy z nas może zrobić krok naprzód i podjąć decyzję o zrobieniu wszystkiego, co jest do tego wymagane. W każdej chwili wybieramy to, co wiemy, że jest najlepsze, a nawet jeśli nie wiemy lub myślimy, że nie wiemy, i tak wybieramy w oparciu o to, co rozszerza możliwości. Kiedy dajesz sobie wolność wyboru w każdej chwili, przechodzisz od martwicy do pełni życia.

ŻYCIE POZA HISTORIĄ

To, co zauważyłam w mojej własnej podróży, to fakt, że jestem teraz tak daleko od mojej historii, że nie filtruję jej już przez percepcję osądu. Wraz z wyjściem poza osąd przychodzi szczęście i wolność. Osąd zawsze tam był. Zawsze był ze mną. Byłam do tego tak przyzwyczajona, że niosłam go, nawet nie zdając sobie z tego sprawy.

Życie poza osądem daje głębokie poczucie bycia w porządku z tym, kim jesteś. Wraz z pracą, jaką tu wykonujemy, zacznie przychodzić do Ciebie głębsze zrozumienie swojego doświadczenia nadużycia.

To poczucie, że „To mnie nie dosięgnęło. To nie mogło zabrać mojej duszy. To nie mogło mieć mnie całej.

Nadal jestem tym, kim jestem i kim byłam, po prostu jestem lepsza."

Tak, doszło do nadużycia. Mogły być w to zamieszane ręce innej osoby na Tobie. Ale tak naprawdę to nigdy nie byłeś Ty. To oni narzucali Tobie swoją rzeczywistość. Kto powiedział, że tylko dlatego, że doszło do traumy, musisz stać się kimś innym niż kim byłeś wcześniej? Więc zamiast oddawać swoją moc wydarzeniu lub oprawcy – czemuś, co tak naprawdę nigdy nie miało z Tobą nic wspólnego – dlaczego nie powrócić do tego, kim jesteś i kim zawsze byłeś i uwolnić to?

Tylko dlatego, że rzeczywistość nazywa to traumą, nadużyciem, przemocą lub ZSP (zespół stresu pourazowego) i są pewne rzeczy, których powinieneś z tego powodu doświadczyć, nie oznacza, że naprawdę musisz ich doświadczać. Możesz tutaj wybrać, aby słuchać w inny sposób, postrzegać, wiedzieć, być i otrzymywać coś innego. To jest sedno życia pełnią życia.

Przebaczenie

W starym paradygmacie uzdrawiania nadużycia, dowiadujemy się, że aby wyzdrowieć, musimy wybaczyć. Jednakże, przebaczenie nie jest dla nikogo innego, jak tylko dla Ciebie. Przebaczenie w najbardziej podstawowym sensie oznacza odpuszczenie. To sposób na powiedzenie: „Jestem wolny i Ty też jesteś wolny".

Przebaczenie jest dla Ciebie, jeśli zdecydujesz się iść naprzód.

Częścią mojej podróży było podziękowanie wszystkim moim oprawcom, zarówno mężczyznom, jak i kobietom, za ukazanie mi fenomenalnego wkładu, jakim mogę być dla tej planety i różnicy, jaką mogę tu wnieść. Jest we mnie życzliwość, inteligencja, troska i wrażliwość, które są w każdym z nas. Gdybym nie chciała przejść przez to, przez co przeszłam, wybrać tego, być może nie miałabym słów i doświadczenia, aby prowadzić moją audycję radiową lub napisać tę książkę lub pomóc tysiącom ludzi, którym pomogłam. Dziś postrzegam własne życie w kategorii możliwości potraumatycznego wzrostu i rozwoju.

Nic twierdzę, że potrzebujemy lekcji takich jak nadużycia. Mówię, że możemy wybrać coś innego, co jest przyjemnością, możliwością, generowaniem, kreowaniem, dokonywaniem zmian, szerzeniem świadomości, wsparciem, blaskiem i naprawdę sięganiem do wnętrza naszej własnej klatki, by świecić światłem, które mówi: „Nigdy więcej kłamstw. Koniec z nadużyciem!" I możemy pomóc innym zrobić to samo.

Często mówię klientom: „Nigdy nie jest za późno na zmianę dzieciństwa i nigdy nie jest za późno na zmianę. I nigdy nie wiesz, co może się stać z tymi ludźmi w Twoim życiu, którzy Cię wykorzystywali". W moim przypadku, doświadczyłam głębokiej transformacji z moją matką. Obie dorosłyśmy i zmieniłyśmy się, co pozwoliło nam stworzyć wspaniałą, pełną miłości relację. To prezent, którego nigdy bym sobie nie wyobraziła. Teraz, mając 50 lat, mam doświadczenie, jak to jest mieć matkę i czym jest bezwarunkowa miłość. Naprawdę jest to coś, czego od zawsze od niej chciałam, i teraz to mam. Przeszłość zatoczyła koło i została rozwiązana. Liczy się tylko to, że kocham moją mamę, a moja mama kocha mnie. Jestem wolna. I ona też.

Trudno napisać jest książkę taką jak ta. Prawda nie zawsze jest przyjemna. Ale uzdrawiamy, rozwijamy się i zmieniamy, gdy wykonujemy tę pracę, a często robią to również Ci, którzy nas wykorzystywali. To jest łaska życia pełnią życia. Czy jesteś na to gotowy? Czy jesteś gotowy na więcej życia w życiu?

Wszechświecie, pokaż nam cuda i pozwól nam wszystkim uwolnić się!
I tak jest!

ĆWICZENIE ENERGETYCZNE:
ROZPRZESTRZEŃ SIĘ W ŻYCIE PEŁNIĄ ŻYCIA

Zamknij oczy i połóż dłonie na grasicy i kości łonowej. Weź oddech 3 razy przez usta i powiedz: „WITAJ CIAŁO! WITAJ CIAŁO! WITAJ CIAŁO! WITAJ JA! WITAJ JA! WITAJ JA! WITAJ ZIEMIO! WITAJ ZIEMIO! WITAJ ZIEMIO!" Rozprzestrzeń swoją energię, aby dotknąć czterech rogów pokoju, w którym się znajdujesz i oddychaj. Wydychaj powietrze tak daleko, jak tylko możesz w górę, w dół, w prawo, w lewo, do przodu i do tyłu. Weź wdech z przodu swojego ciała, wdech z tyłu, wdech z prawej strony, wdech z lewej strony. Oddychaj od stóp do głowy. Powtórz wszystkie „Witaj" powyżej. Powiedz głośno: „ZMIENIŁEM SIĘ I WIEM, ŻE SIĘ ZMIENIŁEM I WIEM, ŻE ZMIENIŁEM SIĘ BO ________________ (wypełnij puste miejsce)." Powiedz to 3 razy. Otwórz oczy.

Zauważ, jak się czujesz lub zaobserwuj zmianę w swojej energii.

Uwalnianie Nadużyć Świata z Ciała

Ci z nas, którzy doświadczyli nadużycia, są często wrażliwi na nadużycia mające miejsce na całym świecie, ponieważ znają to uczucie, jak pachnie i jaki ma smak. Może się wydawać, że nasze ciała są w ten sposób zaprogramowane, aby nadmiernie to czuć. Są jak antena do wąchania, smakowania i wiedzy, gdziekolwiek ma miejsce nadużycie. Nawet jeśli nie jesteśmy tego świadomi poznawczo, świadomie lub wizualnie, nasza pamięć komórkowa ma tą świadomość.

Zapytaj siebie

Czy ciężar, którego doświadczam postrzegając nadużycia jakich doświadczają inni, należy do mnie? I czy nadal mi służy ciągłe dostrajanie się do i doświadczanie nadużycia przez moje zmysły?

Masz teraz wybór. Masz wybór, by słuchać szeptów wszystkich głosów, wszelkich nadużyć przez całą wieczność, które przywołują nas wszystkich, abyśmy zrobili krok naprzód. Co być może ważniejsze, masz wybór, aby usłyszeć te szepty i powiedzieć: „Nigdy więcej. Nadszedł czas, aby wyjść poza sposób, w jaki pozwoliłem, aby nadużycie rządziło moim życiem". *Nigdy więcej nadużycia* zaczynającego się od Ciebie i Twojego wyboru właśnie tutaj, teraz.

Zastanawiam się więc... co wybierzesz?

Mówię:

I 2 3 4 LWI RYK

Nigdy więcej nadużycia!

O AUTORCE

Dr Lisa Cooney to kreatywna, generatywna liderka transformacji osobistej i ekspertka rozwoju ponad nadużyciem do piękna. Jest licencjonowanym terapeutą małżeńskim i rodzinnym, doktorem, Mistrzem Theta Healing oraz certyfikowanym facylitatorem,  stworzyła ruch Żyj Swoim ROAR!, Bądź Sobą! Ponad Wszystkim! Kreuj Magię! Jej prace umożliwiły tysiącom ludzi przekroczyć most z seksualnego lub innego, nadużycia z dzieciństwa do życia *Radykalnie, Orgazmicznie Żywą Rzeczywistością* (ROAR).

Magia jej pracy opiera się na podstawowych koncepcjach, których użyła, aby uzdrowić samą siebie, nie tylko z przemocy doświadczonej we wczesnym dzieciństwie, ale również z choroby zagrażającej życiu. Te podstawowe zasady, włączając w to „4C" – Wybierasz dla siebie (*Choosing for you*), Opowiedz się za sobą

(*Committing to you*), Współpracujesz ze Wszechświatem wiedząc, że Cię wspiera i błogosławi (*Collaborating and knowing that the universe is conspiring to bless you*), Kreujesz życie jakiego prawdziwie pragniesz (*Creating the life you desire*) – są kamieniami węgielnymi do głębokiej i trwałej transformacji.

Poza jej własnym rewolucyjnym i odkrywczym wkładem dla ciała i transformacyjnej wiedzy, jest uzdolniona w używaniu kreatywnych i energetycznych modalności do facylitowania innych ponad przeszkody do miejsca ich własnego wiedzenia... do przestrzeni, gdzie mogą mieć bezpośredni dostęp do szeptów świadomości.

Znana ze swojego podejścia do życia „Mam to! Bez względu na wszystko!" dr Lisa przewodniczy z duszy i mówi z serca i nie pozostawia za sobą żadnej części duszy, gdy powraca do pełni. Kreowanie życia radykalnie żywego ponad nadużycia jest możliwe.

Idź i Bądź Wielki...